COLEÇÃO
POCKET BOOK
THEREZA NAHAS
COORDENADORA

COLEÇÃO
POCKET BOOK
THEREZA NAHAS
COORDENADORA

CLAUDIO IANNOTTI DA ROCHA

PETIÇÃO INICIAL E DEFESA TRABALHISTAS

MATRIOSKA
EDITORA

Publisher – Editorial: Luciana Félix
Publisher – Comercial: Patrícia Melo
Coordenação editorial da coleção: Ana C. Moura
Copidesque e preparação de texto: Ana C. Moura
Revisão: Equipe Matrioska Editora
Editoração e capa: Marcelo Correia da Silva

Matrioska Editora
Atendimento e venda direta ao leitor:
www.matrioskaeditora.com.br
contato@matrioskaeditora.com.br
facebook.com/matrioskaeditora
instagram.com/matrioskaeditora

Dados Internacionais de Catalogação na Publicação (CIP)
(Câmara Brasileira do Livro, SP, Brasil)

Rocha, Cláudio Iannotti da
Petição inicial e defesa trabalhistas / Cláudio Iannotti da Rocha. -- 1. ed. -- São Paulo : Matrioska Editora, 2022. -- (Coleção pocket book / Thereza Nahas, coordenadora)

Bibliografia.
ISBN 978-65-86985-77-1

1. Direito processual do trabalho - Brasil 2. Justiça do trabalho - Brasil 3. Petição inicial - Brasil 4. Tutela jurisdicional - Brasil I. Nahas, Thereza. II. Título. III. Série.

22-119917 CDU-347.9:331(81)

Índices para catálogo sistemático:

1. Brasil : Petição inicial : Direito processual do trabalho 347.9:331(81)

Cibele Maria Dias - Bibliotecária - CRB-8/9427

Impresso no Brasil
2022

O Autor

Cláudio Iannotti da Rocha

Cláudio Iannotti da Rocha é Professor de Direito da Universidade Federal do Espírito Santo (UFES). Professor Permanente do Programa de Pós-Graduação Stricto Sensu em Direito da Universidade Federal do Espírito Santo (PPGDIr-UFES). Coordenador-Adjunto do Programa de Pós-Graduação Stricto Sensu em Direito da Universidade Federal do Espírito Santo (PPGDIr-UFES). Pós-Doutor em Direito pela Universidade Federal da Bahia (UFBA). Doutor e Mestre em Direito pela Pontifícia Universidade Católica de Minas Gerais (PUC MINAS). É Coordenador e Pesquisador do Grupo de Pesquisa Trabalho, Seguridade Social e Processo: diálogos e críticas (UFES-CNPq). Coordenador do Projeto de Pesquisa Trabalho, Sustentabilidade, Tecnologias e Justiça Climática: interlocuções entre Direito e Processo do Trabalho e Direito Ambiental (UFES). Pesquisador do Grupo de Pesquisa Relações de Trabalho na Contemporaneidade (UFBA-CNPq). Membro do Instituto Ítalo Brasileiro de Direito do Trabalho (IIBDT). Pesquisador do Grupo de Pesquisa Trabalho, Constituição e Cidadania (UnB-CNPq). Pesquisador do Grupo de Pesquisa A Transformação do Direito do Trabalho na Sociedade Pós-Moderna e seus Reflexos no Mundo do Trabalho (USP-CNPq). Membro Rede de Grupos de Pesquisas em Direito e Processo do Trabalho (RETRABALHO). Membro do Instituto de Ciências Jurídicas e Sociais, ICJS, de Belo Horizonte/MG. Pesquisador. Autor de livros e artigos publicados no Brasil e no exterior. Palestrante. E-mail: claudiojannotti@hotmail.com.

Apresentação da Série

A coleção Pocket-book chega ao leitor com a intenção de proporcionar uma ferramenta de trabalho e conhecimento que permita a consulta rápida, inteligente e com a qualidade que o modelo da tecnologia atual exige.

Os temas monográficos e a diversidade de autores e pensamentos evitam que a velocidade das alterações legislativas, jurisprudenciais, políticas e sociais possam comprometer a atualidade das obras.

O formato praticamente 100% digital do conteúdo (com impressões esporádicas e sob demanda) viabiliza as atualizações constantes e necessárias para a compreensão dos temas propostos.

O mundo em constante transformação, a aceleração da tecnologia da informação e da comunicação e os vários instrumentos normativos que surgem nos diferentes países impactando, inclusive, a zona de conforto que cada um de nós vive, requer atualizações mais dinâmicas e intercâmbios culturais, políticos, jurídicos e sociais. O mundo não tem fronteiras e reclama que cada um possa ir mais além, justamente pela união dos povos e a cooperação transnacional.

Vivemos no século da sociedade do conhecimento, fundamento este de cada Pocket-book que o leitor poderá absorver!

Thereza Nahas

Coordenadora e autora

A mente que se abre a uma nova ideia jamais
voltará ao seu tamanho original.

Albert Einstein

PARTE I - PETIÇÃO INICIAL

Sumário

PARTE II - DEFESA TRABALHISTA

PARTE I

PETIÇÃO INICIAL

INTROITO

O Direito Processual do Trabalho deve ser observado, analisado, interpretado e compreendido como instrumento de efetivação do Direito Material do Trabalho.

São fontes do Direito Processual do Trabalho a Constituição, as leis (com destaque para a Consolidação das Leis do Trabalho e o Código de Processo Civil), os tratados internacionais ratificados pelo Brasil, o direito comparado, a jurisprudência, os precedentes — súmulas e orientações jurisprudenciais do Tribunal Superior do Trabalho, súmulas vinculantes e súmulas do Supremo Tribunal Federal e decisões proferidas nos incidentes em assunção de competência, resolução de demandas repetitivas e de recursos repetitivos dos Tribunais Regionais do Trabalho e do Tribunal Superior do Trabalho —, os regimentos internos dos tribunais e os costumes.

A partir desse arcabouço normativo, advém o Direito Processual do Trabalho, um ramo autônomo e independente que possui regras, institutos e princípios que lhe são próprios e é dotado de uma singularidade didática e metodológica que o distancia e distingue do Direito Processual Civil.

A Constituição de 1988 fez emergir a constitucionalização do direito processual inserindo diversas normas principiológicas constitucionais no arquétipo processual brasileiro, tornando obrigatória a interpretação de todas as normas processuais infraconstitucionais a partir dos valores e dos princípios constitucionais.

Os princípios processuais constitucionais encontram-se no ápice da pirâmide normativa, e por isso não são fontes subsidiárias, e sim principais, e possuem eficácia normativa direta, podendo incidir e resolvendo diretamente o caso concreto, de maneira imediata, independentemente da intermediação legislativa.

O Brasil possui um poder judiciário especializado trabalhista que aplica e efetiva o direito material e processual do trabalho. A Justiça do Trabalho com previsão constitucional é possuidora de estrutura e organização próprias, formada pelas Varas do Trabalho, pelos Tribunais Regionais do Trabalho e pelo Tribunal Superior do Trabalho.

A teoria do isolamento dos atos processual adotada no Brasil, *ex vi* art. 14 do Código de Processo Civil, impõe que as normas de direito processual possuem eficácia imediata, sendo aplicáveis nas relações jurídicas processuais em curso, independentemente da fase processual em que tais atos estejam vinculados, sendo vedada a sua retroatividade e devendo-se observar o direito adquirido, o ato jurídico perfeito e a coisa julgada, conforme o art. 5º, XXXVI, da Constituição Federal.

Portanto, a lei processual superveniente será aplicável nos processos em curso e nos vindouros, mas não atingirá os atos processuais já praticados nem os seus efeitos e respeitará as situações jurídicas consolidadas sob a vigência da norma revogada.

Importante destacar que, em 2009, o Supremo Tribunal Federal, na súmula vinculante nº 22, fixou um entendimento diverso, no sentido de que se aplica a lei processual superveniente somente nos processos que ainda não possuem sentença de mérito em primeiro grau e, nos processos já sentenciados meritoriamente, não se aplicam as normas supervenientes.

No processo do trabalho, a Reforma Trabalhista (Lei nº 13.467/2017), que entrou em vigor em 11 de novembro de 2017, introduziu e alterou diversas normas processuais trabalhistas, entre elas a petição inicial, a defesa trabalhista, a audiência, os ônus probatórios e os honorários advocatícios. Inobstante até a data de fechamento desta edição não tenha constituído nenhum precedente nos termos do art. 927 do Código de Processo Civil, acerca do direito intertemporal das normas processuais advindas da Reforma Trabalhista, em 2018 o Tribunal Superior do Trabalho editou a Instrução Normativa nº 41, que, no art. 6º, direciona que a condenação em honorários advocatícios sucumbenciais, prevista no art. 791-A, e parágrafos, da CLT, será aplicável apenas às ações propostas após 11 de novembro de 2017 (Lei nº 13.346/2017); nas ações propostas anteriormente, subsistem as diretrizes do art. 14 da Lei nº 5.584/1970 e das Súmula nº 219 e 329 do Tribunal Superior do Trabalho.

Ou seja, acerca do direito intertemporal das novas normas processuais, presenciam-se, no atual cenário, três posicionamentos distintos: 1) o do Código de Processo Civil, que determina a aplicação imediata das normas processuais, inclusive aos processos que estão em curso, mas não se aplica aos atos processuais já praticados nem aos seus efeitos e respeitará as situações jurídicas consolidadas sob a vigência da norma revogada; 2) o do Supremo Tribunal Federal, que estabelece a aplicação das normas supervenientes somente nos processos que não possuem sentença de mérito e; 3) o do Tribunal Superior do Trabalho, que traz o entendimento de que as normas supervenientes são aplicáveis somente nos processos ajuizados após a sua vigência. Tem-se que, em nome da segurança jurídica, da unidade e da coerência, o entendimento sufragado pelo Tribunal Superior do Trabalho seja o mais adequado para prevalecer no estuário trabalhista.

No caso de omissão normativa trabalhista, se o processo estiver na fase de conhecimento, o Código de Processo Civil será a fonte subsidiária, *ex vi* art. 769 da Consolidação das Leis do Trabalho; porém, caso esteja na fase de execução, a fonte subsidiária será a Lei de Execução Fiscal e o Código de Processo Civil será a fonte subsidiária secundária, conforme o art. 889 da Consolidação das Leis do Trabalho.

Havendo omissão total da norma, será hipótese de aplicação subsidiária e, sendo omissão parcial da norma, será hipótese de aplicação supletiva, nos termos do art. 15 do Código de Processo Civil.

CONCEITO

O princípio da inércia da jurisdição previsto no art. 2º do Código de Processo Civil estabelece que o processo começa por iniciativa da parte e se desenvolve por impulso oficial, salvo as exceções legais.

O art. 3º do mesmo diploma traz consigo o princípio da inafastabilidade do Poder Judiciário estabelecido no art. 5º, XXXV, da Constituição Federal, que garante a todos que não se excluirá da apreciação jurisdicional ameaça ou lesão ao direito. Essa é a garantia do cidadão de poder provocar uma resposta do Poder Judiciário no caso de percebida uma ameaça ou uma lesão a algum direito.

Se, para iniciar o processo, o Poder Judiciário tem de ser provocado pela parte (princípio da demanda, da inércia da jurisdição ou do dispositivo), por outro lado, ele se desenvolve por impulso oficial (do magistrado), estabelecendo o exercício dos direitos, faculdades e ônus processuais relacionados à defesa, à distribuição das provas, ao recurso e à impugnação, o que é denominado de princípio do inquisitivo, *ex vi* art. 2º do Código de Processo Civil, destacando-se também, nesse estuário, os arts. 139, 140 e 370.

No processo do trabalho, o princípio do inquisitivo encontra-se estabelecido nos arts. 765, 820, 848, 852-D, 868 e 878 da Consolidação das Leis do Trabalho.

Luiz Guilherme Marinoni e Daniel Mitidiero lecionam que o direito fundamental de acesso à justiça, ao lado dos direitos à tutela adequada e à tutela efetiva, encontra-se inserido no bojo do direito à tutela jurisdicional[1].

O direito à tutela jurisdicional é o gênero formado pelo tripé - direitos acesso à justiça, à tutela adequada e à tutela efetiva, vez que o acesso ao Poder Judiciário por si só não é suficiente, devendo a tutela jurisdicional por ele realizada ser adequada e efetiva.

Quanto ao acesso à justiça, existem duas exceções que merecem destaque: 1) conforme o art. 217, § 1º, da Constituição Federal, o Poder Judiciário só admitirá ações relativas à disciplina e às competições desportivas após esgotarem-se as instâncias da Justiça Desportiva, regulada em lei e; 2) o Supremo Tribunal Federal e o Superior Tribunal de Justiça possuem jurisprudência vinculante acerca da necessidade de prévio requerimento administrativo para concessão de benefício previdenciário, salvo quando for notório que o Instituto Nacional de Seguridade Social tenha posição contrária ao pedido feito pelo segurado.

No que diz respeito à Comissão de Conciliação Prévia prevista no art. 625-D, §§ 1º e 4º, da Consolidação das Leis do Trabalho, o Plenário do Supremo Tribunal Federal, no julgamento da Ação Direta

---

[1] MARINONI, Luiz Guilherme; MITIDIERO, Daniel. Direitos Fundamentais Processuais. *In:* SARLET, Ingo Wolfgang; MARINONI, Luiz Guilherme; MITIDIERO, Daniel. *Curso de Direito Constitucional*. 6. ed. São Paulo: Saraiva, 2017, p. 765.

de Inconstitucionalidade nº 2.139/DF, decidiu que a submissão das demandas de natureza trabalhista à Comissão de Conciliação Prévia é uma faculdade do empregado, e não uma obrigação, devendo ser resguardado o acesso à justiça para os trabalhadores que escolham ajuizar suas demandas diretamente na Justiça do Trabalho.

O processo é um método utilizado pelo Estado para exercer a jurisdição, desenvolvido por diversos atos sequenciais, e o primeiro deles é a petição inicial, que enseja o procedimento. Trata-se de uma relação jurídica complexa, que envolve o Estado-juiz, as partes e os demais sujeitos processuais e tem como objetivo precípuo solucionar os conflitos e efetivar as normas de direitos materiais, trazendo, assim, a paz social e a segurança jurídica a todos.

A ação é o mecanismo para a deflagração do processo judicial, sendo ao mesmo tempo um direito fundamental previsto no art. 5º, XXXV, da Constituição Federal, e um ato jurídico consistente na exteriorização da vontade humana (através do acionamento do Poder Judiciário), cujos efeitos são regulados pela lei processual.

Todo e qualquer órgão jurisdicional somente deve agir quando provocado pela parte interessada, que deve fazê-lo justamente através do direito de ação, instrumentalizado por uma petição inicial. No processo, há relação jurídica entre as partes e o órgão jurisdicional, sendo um método institucional de solução de controvérsias, realizando direitos subjetivos.

Luiz Guilherme Marinoni, Sérgio Cruz Arenhart e Daniel Mitidiero entendem que a demanda, portanto, é o primeiro ato do processo — é a corporificação do direito de ação[2].

---

[2] MARINONI, Luiz Guilherme; ARENHART, Sérgio Cruz; MITIDIERO, Daniel. *Novo Curso de Processo Civil*: tutela dos direitos mediante procedimento comum, v. 2. São Paulo: Editora Revista dos Tribunais, 2015, p. 149.

A petição inicial é o instrumento que o ordenamento jurídico coloca à disposição da parte para levar ao Poder Judiciário a sua causa de pedir e o seu pedido e, assim, obter a respectiva tutela jurisdicional através de um processo judicial — que necessariamente não é sinônimo de ter seu pedido julgado procedente, e sim de obter uma resposta acerca dele.

Assim, através da petição inicial, delimita-se a abrangência do contraditório e da ampla defesa, define-se o espectro e o objeto da lide, bem como se define a natureza jurídica da atividade jurisdicional que será desenvolvida no curso processual.

A petição inicial é o gatilho que interliga a demanda do autor e o Poder Judiciário, estabelecendo a extensão e a profundidade da atuação do magistrado no caso concreto. O processo é um método institucional de solução de controvérsias, formado por um sistema interacional integrado pelas partes e pelo órgão jurisdicional, com uma estrutura dialética na qual direitos subjetivos são realizados.

A ação é proposta quando o autor protocola a petição inicial em juízo, dando início ao processo, nos termos do art. 312 do Código de Processo Civil e, na seara trabalhista, conforme o art. 783 da Consolidação das Leis do Trabalho. Protocolada a petição inicial, será feito o seu registro e, havendo mais de um juízo, será realizada a distribuição, a qual fará com que ocorra a perpetuação da competência, a prevenção do juízo e a interrupção da prescrição.

No momento da distribuição da demanda, *ex vi* art. 785 da Consolidação das Leis do Trabalho, o autor receberá um recibo do qual constarão, essencialmente, o nome do reclamante e do reclamado, a data da distribuição, o objeto da reclamação e a Junta ou Juízo a que coube a distribuição; segundo o art. 841, § 2º, da Consolidação das

Leis do Trabalho, nesse mesmo momento o reclamante será intimado da data da audiência.

José Miguel Garcia Medina assim demonstra:

> confere-se à pessoa a faculdade de agir em juízo, condicionando-se o início da atividade jurisdicional (***status libertatis***), e, ao exercer o direito de demandar, a parte reclama a prestação jurisdicional que lhe deve ser conferida pelo Estado (***status*** positivo)[3].

O *due process of law* nasce e transcende justamente quando o autor apresenta a petição inicial junto ao Poder Judiciário, utilizando-se do seu direito constitucional do direito de ação e exigindo do Estado a tutela processual, que, *ex vi* art. 4º do Código de Processo Civil, deve ocorrer em prazo razoável, com a solução integral do mérito, incluída a atividade satisfativa, nos termos do art. 5º LXXVIII, da Constituição Federal.

O direito ao devido processo legal encontra previsão legal no art. 5º, LIV, da Constituição Federal, sendo um princípio fundamental processual, o qual também encontra previsão no direito internacional, a exemplo da Declaração Universal dos Direitos Humanos (1948), do Pacto Internacional relativos aos Direitos Civis e Políticos (1966) e da Convenção Americana sobre Direitos Humanos (1969).

O Supremo Tribunal Federal considera o devido processo legal sob dois primas: 1) o devido processo legal substancial e o 2) devido processo legal processual. O primeiro, também denominado de *substantive due process*, significa uma linha norteadora que impõe limites ao Poder Legislativo, no sentido de que as normas devem ser

---

[3] MEDINA, José Miguel Garcia Medina. *Curso de Direito Processual Civil Moderno*. 4. ed. rev, atual. e ampl. São Paulo: Editora Revista dos Tribunais, 2018, p. 123.

elaboradas com justiça, dotadas de razoabilidade (*reasonableness*) e de racionalidade (*rationality*), guardando um real e substancial nexo com o objetivo que se quer atingir. O segundo possui caráter processual, intitulado de *procedural due process*, que garante às pessoas um procedimento judicial justo, com direito à defesa e previsão em lei, destinando a todos a devida e necessária segurança jurídica e viabilizando a unidade do direito[4]. Luiz Guilherme Marinoni e Daniel Mitidiero defendem a utilização da expressão "direito fundamental ao processo justo", criticando a denominação "devido processo legal"[5].

Além disso, o art. 5º do Código de Processo Civil traz em seu bojo que aquele que de qualquer forma participa do processo deve comportar-se de acordo com a boa-fé.

Inserido no arranjo arquitetônico do processo justo, encontra-se o direito fundamental à vedação do uso de provas ilícitas, previsto no art. 5º, LVI, da Constituição Federal e normatizado no art. 369 do Código de Processo Civil, que estabelece a atipicidade dos meios de prova e permite que as partes utilizem todos os meios legais de prova, bem como os moralmente legítimos ainda que não especificados na lei, para provar a verdade dos fatos sobre os quais se funda o pedido ou a defesa e para influir eficazmente na convicção do juiz. O art. 157 do Código de Processo Penal determina que provas ilícitas são aquelas obtidas de forma contrária ao direito.

O Supremo Tribunal Federal pacificou o entendimento da teoria dos frutos da árvore envenenada (*the fruit of the poisonous tree*), decidindo que são inadmissíveis também as provas ilícitas por

---

[4] Supremo Tribunal Federal, ADI 1.511, Plenário, Rel. Ministro Carlos Velloso, DJ 06/06/2020.

[5] MARINONI, Luiz Guilherme; MITIDIERO. Direitos Fundamentais Processuais. *In:* SARLET, Ingo Wolfgang; MARINONI, Luiz Guilherme; MITIDIERO, Daniel. *Curso de Direito Constitucional*. 6. ed. São Paulo: Saraiva, 2017, p. 765.

contaminação, ou seja, as provas derivadas das ilícitas. Contudo, se a prova derivada poderia ter sido produzida independentemente da obtenção da prova ilícita ou por meio de uma fonte autônoma de prova, ela será admissível no processo[6].

Insta destacar que o Supremo Tribunal Federal já consolidou o entendimento, constituindo precedente vinculante Tema nº 237 com repercussão geral, de que é lícita a prova consistente em gravação ambiental realizada por um dos interlocutores sem o consentimento do outro[7].

O direito ao processo justo encontra previsão no art. 6º do Código de Processo Civil, sendo uma cláusula geral de conteúdo básico e fundamental e não sendo possível definir em abstrato seu âmbito de conformação, porquanto determina que todos os sujeitos do processo devem cooperar entre si para que se obtenha, em tempo razoável, decisão de mérito justa e efetiva.

Portanto, é justamente a petição inicial que inicia o processo, este traduzido como uma série de atos processuais concatenados e previstos em lei que se coordenam e se sucedem no curso do procedimento, perdurando até a entrega do bem da vida tutelado e pretendido quando o pedido do autor é julgado procedente. Podemos dizer metaforicamente que um processo é como uma árvore, e a petição inicial é justamente a semente que germinará a partir dessa árvore.

A dialética processual inicia-se através da petição inicial, quando o autor apresenta a tese, sendo que o réu, na defesa, traz a antítese (fatos modificativos, extintivos e impeditivos) e o juiz decide

---

[6] Supremo Tribunal Federal, HC 93.050, 2ª Turma, Rel. Ministro Celso de Mello, 2ª Turma, DJE 01/08/2008.

[7] Supremo Tribunal Federal, RE 583.937 QO-RG, Plenário, Rel. Ministro Cezar Peluso, DJE 18/12/2009.

apresentando a síntese (sentença). Eis que a interação entre as partes e o Estado-juiz é realizada através desse movimento dialógico.

É a partir do devido processo legal e do contraditório que a decisão judicial tem de ser fundamentada. É através da fundamentação que o magistrado demonstra e elucida às partes quais argumentos e provas por elas produzidas ele levou em consideração.

A fundamentação é a justificação da decisão judicial proferida pelo juiz. O art. 93, IX, da Constituição Federal, determina que a ausência da fundamentação enseja a nulidade da decisão judicial, ao passo que o art. 489, § 1º, do Código de Processo Civil estabelece os requisitos que devem ser observados pelo magistrado para que a sentença seja considerada fundamentada.

O direito fundamental ao contraditório previsto no art. 5º, LV, da Constituição Federal, vai além do binômio conhecimento-reação e significa o direito de argumentar e de provar sua alegação, manifestando-se sobre tudo o que lhe é direcionado pela parte contrária, bem como participando diretamente no curso processual e influenciando na decisão judicial que será proferida. Por isso, que o art. 10 do Código de Processo Civil estabelece a vedação à decisão surpresa e impõe que o pronunciamento judicial tenha como alicerce elementos sobre os quais as partes tiveram oportunidade de se manifestar e debater previamente.

É nesse modal que se democratiza o processo, permitindo que a decisão judicial proferida pelo juiz seja resultado de um efetivo diálogo processual horizontal traçado por ele e pelas partes, e não uma imposição vertical.

A democratização processual exige que o juiz maximize as oportunidades das partes na dialética processual, potencialize as produções das provas e minimize as probabilidades de decisões monoculares.

Quanto ao direito fundamental à ampla defesa estabelecido no art. 5º, LV, da Constituição Federal, ele consiste no direito à resistência ao sujeito do polo passivo do processo (o réu), exigindo que o autor apresente de maneira pormenorizada aquilo que pretende judicialmente (teoria da substanciação) e traga os fatos essenciais que ensejaram o seu pedido. Do mesmo modo, referido direito também implica o direito à defesa técnica do processo e a adoção de procedimento plena e exauriente como padrão para a tutela dos direitos.

PROCEDIMENTOS TRABALHISTAS

O procedimento é como (o modo e a forma) se movem e desenvolvem os atos do processo.

O processo do trabalho divide-se em dois tipos de procedimentos: procedimento comum e procedimento especial.

O procedimento comum é formado pelo rito sumário (Lei nº 5.584/1970), rito sumaríssimo (art. 852-A ao 852-I, da Consolidação das Leis do Trabalho) e rito ordinário (art. 763 e seguintes da Consolidação das Leis do Trabalho).

O procedimento especial é integrado pelo dissídio coletivo (art. 856 ao 871 da Consolidação das Leis do Trabalho), pela ação de cumprimento (art. 872 da Consolidação das Leis do Trabalho), pelo inquérito para apuração de falta grave (art. 853 ao 855 da Consolidação das Leis do Trabalho) e pela ação de jurisdição voluntária para homologação de acordo extrajudicial (art. 855-B ao 855-E da Consolidação das Leis do Trabalho).

3.1 Modalidades de petição inicial trabalhista no procedimento comum

A petição inicial trabalhista pode ser verbal ou escrita e, conforme os arts. 791 e 839 da Consolidação das Leis do Trabalho, pode ser apresentada pessoalmente pelas partes (*jus postulandi*), por seus representantes e pelos sindicatos de classe.

A petição inicial verbal sempre será hipótese de *jus postulandi*, ao passo que a escrita poderá ser *jus postulandi*, quando a própria parte apresenta a petição inicial formalmente, ou ocorrerá por meio da representação pelo advogado ou pelo sindicato de classe.

A petição inicial encontra correlação direta com o direito à tutela jurisdicional[8], vez que somente através de uma petição apta e correta, que corresponda adequadamente ao direito material pretendido, o Estado analisará a demanda.

A petição instrumentaliza a opção realizada pelo autor quanto à modalidade de ação que está ajuizando e o rito por ele selecionado, delimitando diretamente a atuação do Estado no caso concreto e sendo um corolário lógico à tutela jurisdicional que lhe será destinada.

Para tanto, Luiz Guilherme Marinoni e Daniel Mitidiero demonstram que devem ser observados o seguinte: a) procedimentos com nível de cognição apropriado à tutela do direito pretendida; b) distribuição adequada do ônus da prova, inclusive com possibilidade de dinamização e inversão; c) técnicas antecipatórias idôneas a

---

[8] MARINONI, Luiz Guilherme; MITIDIERO. Direitos Fundamentais Processuais. *In*: SARLET, Ingo Wolfgang; MARINONI, Luiz Guilherme; MITIDIERO, Daniel. *Curso de Direito Constitucional*. 6. ed. São Paulo: Saraiva, 2017, p. 765.

distribuir isonomicamente o ônus do tempo no processo, seja em face da urgência, seja em face da evidência; d) formas de tutela jurisdicional com executividade intrínseca; e) técnicas executivas idôneas; f) *standards* para valoração probatória pertinentes à natureza do direito material debatido em juízo[9].

Inclusive, em nome da tutela adequada, o ordenamento jurídico brasileiro tutela e resguarda a lesão como a ameaça ao direito, viabilizando e permitindo que o autor faça pedidos de tutela repressiva e/ou repressiva, porquanto existem direitos com tamanha carga de inviolabilidade que a simplória tutela repressiva e retroativa é inidônea e até mesmo ineficaz. Nesses casos, *ex vi* art. 497, parágrafo único, do Código de Processo Civil, o autor deve almejar a prevenção do próprio ilícito através de uma tutela inibitória, sem prejuízo de pleitear também a repressiva caso tenha ocorrido o dano.

3.1.1 Verbal

A petição inicial verbal sempre será *jus postulandi*, quando a própria parte apresenta pessoal e verbalmente a própria demanda na Justiça do Trabalho, sem estar representada por um advogado ou pelo sindicato de classe.

O art. 786 da Consolidação das Leis do Trabalho estabelece que a reclamação verbal será distribuída antes da redução a termo, sendo que, após a distribuição, o reclamante deverá, salvo motivo de força maior, apresentar-se no prazo de 5 (cinco) dias ao cartório ou à secretaria para reduzi-la a termo, sob pena de perempção temporária — isto é. perda, pelo prazo de 6 (seis) meses, do direito de ajuizar

---

[9] MARINONI, Luiz Guilherme; MITIDIERO. Direitos Fundamentais Processuais. *In*: SARLET, Ingo Wolfgang; MARINONI, Luiz Guilherme; MITIDIERO, Daniel. *Curso de Direito Constitucional*. 6. ed. São Paulo: Saraiva, 2017, p. 765.

uma nova reclamação trabalhista perante a Justiça do Trabalho, *ex vi* art. 731 da Consolidação das Leis do Trabalho.

A Súmula nº 425 do Tribunal Superior do Trabalho estabelece que o *jus postulandi* das partes, estabelecido no art. 791 da Consolidação das Leis do Trabalho, limita-se às Varas do Trabalho e aos Tribunais Regionais do Trabalho, não alcançando a ação rescisória, a ação cautelar, o mandado de segurança e os recursos de competência do Tribunal Superior do Trabalho.

3.1.2 Escrita

A petição inicial escrita poderá ser apresentada pela própria parte (*jus postulandi*), por seu representante ou pelo sindicato da classe.

A petição inicial trabalhista escrita, *ex vi* art. 840, § 1º, da Consolidação das Leis do Trabalho, deverá conter a designação do juízo; a qualificação das partes; a breve exposição dos fatos de que resulte o dissídio; o pedido, que deverá ser certo, determinado e com indicação de seu valor; a data e a assinatura do reclamante ou de seu representante.

Percebe-se nitidamente que a petição inicial trabalhista possui algumas particularidades advindas dos princípios da simplicidade e da igualdade, porquanto é despicienda a causa de pedir, as provas que o reclamante pretende produzir e o valor total da causa, sendo aplicável a teoria da asserção no processo do trabalho.

Em outras palavras, fazendo-se uma análise paralela entre a petição inicial trabalhista (art. 840 da Consolidação das Leis do Trabalho) e a civilista (art. 319 do Código de Processo Civil), percebe-se que a trabalhista não exige que o autor apresente a causa de pedir, o valor da causa, as provas com que o autor pretende demonstrar a verdade dos fatos alegados e a opção pela realização ou não de audiência de conciliação ou de mediação.

Quanto à qualificação das partes, a Resolução nº 185 do Conselho Superior da Justiça do Trabalho, que regulamenta o processo judicial eletrônico, traz, no art. 19, alguns requisitos que devem ser observados pelo autor: a indicação do Cadastro Nacional de Pessoa Física ou do Cadastro Nacional de Pessoa Jurídica das partes, na forma do art. 15, *caput*, da Lei nº 11.419/2006, bem como, sempre que possível, o Cadastro Específico do INSS contendo número da matrícula do empregador pessoa física (CEI), na forma do art. 31, II, da Consolidação dos Provimentos da Corregedoria-Geral da Justiça do Trabalho (GPCGJT); o número de identificação do trabalhador perante o INSS (NIT); o PIS ou PASEP; o número de CTPS do empregado; e a classificação Nacional da Atividades Econômicas — código do ramo de atividade do empregador (CNAE).

Em se tratando-se de rito sumaríssimo, a autor deverá fazer a correta indicação do nome e do endereço do reclamado, sob pena de arquivamento da reclamação. Não é permitida a citação editalícia no rito sumaríssimo, assim como estão excluídas do procedimento sumaríssimo as demandas em que é parte a Administração Pública direta, autárquica e fundacional, conforme o art. 852-B, da Consolidação das Leis do Trabalho.

3.1.2.1 Condições da ação

A teoria da asserção determina que as condições da ação sejam analisadas abstratamente, sendo que, em se tratando de ilegitimidade *ad causam*, essa correspondência diz respeito às partes. Aquele que alega ser o titular do bem da vida postulado (ou quem o substitua, na hipótese de legitimação extraordinária) é o legitimado para agir como autor, ao passo que o legitimado para defender-se como réu é aquele que supostamente também é o responsável por esse mesmo bem da vida.

Na análise das condições da ação, pouco ou nada importa existir ou não o direito questionado, por tratar-se de controvérsia pertencente ao exame do mérito do pedido. Ou seja, somente é necessário que o autor alegue que o réu é o devedor das pretensões para caracterizar o interesse (necessidade e utilidade da tutela) e a legitimidade (pertinência subjetiva), *ex vi* art. 17 do Código de Processo Civil, o qual estabelece que, para postular em juízo, é necessário ter interesse e legitimidade.

Quanto à (im)possibilidade jurídica do pedido, na vigente ordem jurídica brasileira, ela passou a ser inserida e analisada no mérito, afinal, se o Estado-juiz admite que a parte autora tenha interesse em provocar a jurisdição de forma legítima, a correspondência da pretensão é matéria vinculada à existência do próprio direito, ou seja, é o objeto da demanda. Portanto, o pedido ser julgado (im)procedente (declaração, constituição ou condenação) é matéria de mérito.

3.1.2.2 Causa de pedir

No processo do trabalho, a causa de pedir não é requisito da petição inicial, devendo o autor, em sua petição inicial, apresentar uma breve exposição dos fatos. Por meio disso, o reclamante permite que o réu tenha plena ciência de tudo que o motivou a apresentar a petição inicial, efetivando, assim, o contraditório e a ampla defesa. Além disso, também fornece ao juiz todas as informações necessárias para julgar os pedidos.

Inobstante a causa de pedir não seja obrigatória no âmbito justrabalhista, é costumeiro que as petições iniciais trabalhistas apresentem esse item. Por isso, torna-se importante elucidar aqui algumas questões acerca dela.

A causa de pedir divide-se em causa de pedir próxima, a qual consiste na previsão legal, nos fundamentos jurídicos que sustentam e embasam o pedido e pode ser sintetizada na tese jurídica apresentada pelo autor. Lado outro, tem-se a causa de pedir remota, que é o fato, a historiografia fática que ensejou a demanda judicial.

Quanto ao adicional de insalubridade, por envolver questões de ordem técnica que não são de domínio nem da parte, nem do advogado, nenhum dos dois possui condições de informar com precisão, na causa de pedir, o agente insalubre correto, o que muitas vezes é verificado somente após a realização da perícia.

Por isso, o Tribunal Superior do Trabalho estabelece, na Súmula nº 293, que a verificação mediante perícia de prestação de serviços em condições nocivas e agente insalubre diverso do apontado na inicial não prejudica o pedido de adicional de insalubridade.

3.1.2.3 Pedido

O pedido é o objeto da petição, o seu núcleo duro, aquilo que obrigatoriamente deve ser decidido pelo juiz. É o principal requisito da petição inicial, pois é ele que determina o objeto da demanda.

O pedido pode ser imediato, representando o provimento jurisdicional pretendido pelo autor — declaratório, constitutivo, condenatório e acautelatório —, ou mediato, sendo o bem da vida pretendido pelo autor.

Portanto, o pedido é a razão de o processo existir, afinal é devido àquele que o autor ajuizou a demanda.

O juiz fica diretamente adstrito ao pedido formulado pelo autor, não podendo julgar nada além (*ultra petita*), aquém (*citra petita*) ou fora do pedido (*extra petita*), *ex vi* art. 492 do Código de Processo Civil. O magistrado deve interpretar o pedido no bojo da postulação apresentada pelo autor, observando-o à luz da boa-fé, conforme preceitua o art. 322, § 2º, do Código de Processo Civil.

Caso o autor apresente o pedido dentro de sua narrativa, permitindo que tanto o réu como o juiz identifiquem-no na breve exposição dos fatos ou na causa de pedir, e não necessariamente na parte dos pedidos, trata-se de um pedido heterotópico, e o magistrado deverá julgá-lo, vez que o réu não ficou prejudicado em seu direito de defesa e tampouco existe norma que obriga a parte apresentar o pedido exclusivamente em um tópico específico para isso.

O Tribunal Superior do Trabalho pacificou o entendimento através da parte final da Súmula nº 263 do Tribunal Superior do Trabalho, alicerçada no art. 12, § 2º, da Instrução Normativa nº 41/2018, a qual faz alusão direta ao art. 840, §§ 1º e 3º da Consolidação das Leis do Trabalho, implementado pela Lei nº 13.467/2017. Referido dispositivo passou a exigir, expressamente, que o pedido da petição inicial deve ser certo e determinado e com indicação de valor, sob pena de extinção dos pedidos sem julgamento do mérito. Caso o julgador depare-se com o descumprimento desses requisitos, ele deverá possibilitar a emenda à inicial antes de reconhecer a inépcia e decretar a extinção do processo sem julgamento do mérito.

Pedido certo é aquele feito de maneira expressa e com precisão, evitando, assim, o julgamento *ultra petita* (além do pedido) e o *extra petita* (fora do pedido). Pedido determinado é a quantidade e a qualidade, o que traz liquidez ao pedido (o *quantum debeatur*) e os limites da pretensão. A indicação do valor é o aglutinamento do certo com o determinando, alcançando o respectivo valor do pedido.

O art. 323 do Código de Processo Civil, aplicável no processo do trabalho, dispõe que, na ação que tiver por objeto o cumprimento de obrigação em prestações sucessivas, estas serão consideradas incluídas no pedido, independentemente de declaração expressa do autor, e serão incluídas na condenação enquanto durar a obrigação, se o devedor, no curso do processo, deixar de pagá-las ou de consigná-las.

Destaca-se, ainda, que o art. 324 do Código de Processo Civil estabelece que o pedido deve ser determinado. No § 1º do mesmo dispositivo, dispõe que é lícito, porém, formular pedido genérico nas ações universais, se o autor não puder individuar os bens demandados; quando não for possível determinar, desde logo, as consequências do ato ou do fato; e quando a determinação do objeto ou do valor da condenação depender de ato que deva ser praticado pelo réu. O § 2ª determina que todo esse contexto aplica-se à reconvenção.

O pedido poderá ser alternativo, nos termos do art. 325 do Código de Processo Civil, quando, pela natureza da obrigação, o devedor puder cumprir a prestação de mais de um modo, sendo uma cumulação na forma de satisfação caso o pedido seja julgado procedente, e não cumulação de pedidos. O pedido é um só, porém o réu poderá escolher a forma de satisfazê-lo.

O art. 327 do Código de Processo Civil determina que é lícita a cumulação de vários pedidos em um único processo, contra o mesmo réu, ainda que entre eles não haja conexão. O § 1º desse artigo estabelece que são requisitos de admissibilidade da cumulação que: I) os pedidos sejam compatíveis entre si; II) seja competente para conhecer deles o mesmo juízo; III) seja adequado para todos os pedidos o tipo de procedimento. Por seu turno, o § 2º dispõe que, quando para cada pedido corresponder tipo diverso de procedimento, será admitida a cumulação se o autor empregar o procedimento comum, sem prejuízo do emprego das técnicas processuais diferenciadas previstas nos procedimentos especiais a que se sujeita um ou mais pedidos cumulados, que não forem incompatíveis com as disposições sobre o procedimento comum. O inciso I do § 1º não se aplica às cumulações de pedidos de que trata o art. 326 do Código de Processo Civil.

A cumulação pode ser própria, quando o autor formula vários pedidos diversos, pretendendo a cumulação simultânea de todos eles; ou imprópria, quando o autor formula diversos pedidos ao mesmo tempo, mas apenas um deles será acolhido pelo juiz, vez que o acolhimento de um necessariamente afasta o outro.

A cumulação própria divide-se em simples e sucessiva e a imprópria em alternativa e subsidiária.

A cumulação própria simples ocorre quando o autor apresenta diversos pedidos dependentes, e por isso, o acolhimento do segundo vai necessariamente depender do acolhimento do primeiro. Entre eles, existe uma dependência.

A cumulação própria sucessiva ocorre quando o autor apresenta diversos pedidos independentes, mas nenhum deles prejudica o acolhimento do outro, podendo todos eles ser acolhidos simultaneamente. Ou seja, não existe relação de prejudicialidade entre eles.

A cumulação imprópria alternativa encontra-se prevista no art. 326, parágrafo único, do Código de Processo Civil, e ocorre quando o autor apresenta mais de um pedido sem uma ordem preferencial, cabendo ao magistrado julgá-los. Assim, o acolhimento de qualquer um deles satisfará o autor.

A cumulação imprópria subsidiária possui previsão no *caput* do art. 326 do Código de Processo Civil e permite que o autor formule mais de um pedido em ordem subsidiária, a fim de que o juiz conheça do posterior, quando não acolher o anterior. Eventualmente, o segundo pedido será analisado somente quando o primeiro pedido não for acolhido, porquanto entre os pedidos existe a incompatibilidade. O art. 327, § 3º, do Código de Processo Civil, estabelece que nesses casos não se exige a compatibilidade entre os pedidos.

O Tribunal Superior do Trabalho estabelece, na Súmula nº 211, que os juros de mora e correção monetária incluem-se na liquidação, ainda que omisso o pedido inicial ou a condenação. Ambos independem do pedido inicial e do título executivo judicial, não havendo que se falar em julgamento *extra petita* nessa hipótese.

3.1.2.4 Valor da causa

Muito embora o art. 840 da Consolidação das Leis do Trabalho seja silente quanto ao valor da causa, a Reforma Trabalhista alterou o teor desse artigo e estabeleceu que o pedido deve ser certo, determinado e com indicação de valor, sob pena de os pedidos que não estiverem assim serem extintos sem resolução do mérito.

O Tribunal Superior do Trabalho vem decidindo que o valor da causa apresentado pelo autor no pedido não corresponde à sua liquidação, mas sim à quantia aferida por estimativa do objetivo jurídico pretendido, não correspondendo ao montante efetivamente devido, o qual geralmente somente será apurado em liquidação de sentença[10].

Liquidados os pedidos iniciais pelo autor e não demonstrada pelo réu qualquer desconformidade entre o valor atribuído e a ordem

---

[10] Tribunal Superior do Trabalho, 011064-23.2014.5.03.0029 Tribunal Superior do Trabalho, RR 0011064.23.2014.5.03.0029, 1ª Turma, Rel. Des, Convocado Marcelo Lamego Pertente, DJE 26/06/2017.

de grandeza da pretensão, a preliminar de impugnação ao valor dos pedidos e até mesmo do rito utilizado deverá ser rejeitada.

A indicação na petição inicial não serve como limitação de valores, vez que pensar em sentido contrário nos conduz ao pensamento teratológico de que o autor estaria renunciando direitos, o que é vedado pelo arquétipo trabalhista brasileiro.

Entende-se que o valor da causa continua não sendo um requisito da petição inicial, vez que o fato de o autor ser obrigado a realizar p pedido já de maneira certa, determinada e com indicação de valor não o obriga a somar os valores de todos os pedidos e alcançar, assim, um valor total para colocá-lo como valor da causa. Se a própria lei assim não o obrigou não será o intérprete que assim o fará, pois isso traria mais um obstáculo ao autor — principalmente ao *jus postulandi*.

O autor não colocar na exordial o valor da causa em nada prejudica o réu no direito de contraditório e ampla defesa, e por isso o valor da causa permanece sendo facultativo, e não obrigatório. Dessa forma, na hipótese de ausência desse elemento, não há que se falar em extinção do feito sem resolução do mérito.

3.1.2.5 Documentos

A petição inicial trabalhista deve estar acompanhada dos documentos em que se fundar, conforme preceitua o art. 787 da Consolidação das Leis do Trabalho.

Os documentos indispensáveis devem acompanhar a petição inicial, sob pena de o juiz conceder um prazo de 15 (quinze) dias para a juntada e, em seguida, em caso de inação, extinguir o processo extinto sem resolução do mérito, *ex vi* arts. 320 e 321 do Código de Processo Civil.

Em se tratando de norma coletiva, a parte deverá juntar aos autos a convenção ou o acordo coletivo, sendo um documento necessário para que o pedido a ele relacionado seja julgado, conforme art. 376 do Código de Processo Civil. Caso o autor não faça a juntada do documento, o magistrado deverá conceder o prazo para a juntada, sob pena de o respectivo pedido ser julgado improcedente.

A Súmula nº 8 do Tribunal Superior do Trabalho determina que a juntada de documentos na fase recursal só se justifica quando provado o justo impedimento para sua oportuna apresentação ou se referir a fato posterior à sentença.

3.1.2.6 Emenda da petição inicial

Emendar a petição inicial significa consertá-la, sanar vício processual sanável para que, assim, o mérito do processo seja analisado pelo magistrado.

A Consolidação das Leis do Trabalho é omissa quanto ao tema, e por isso, pelo princípio da subsidiariedade, aplica-se o art. 321 do Código de Processo Civil.

O Tribunal Superior do Trabalho, na Súmula nº 263, estabelece que, salvo nas hipóteses do art. 330 do Código de Processo Civil, em se tratando se vício sanável — não juntada de documento indispensável à propositura da ação ou a petição inicial que não preenche outro requisito legal —, o indeferimento da petição inicial somente é cabível se, após intimada para suprir a irregularidade em 15 (quinze) dias, mediante indicação precisa do que deve ser corrigido ou completado, a parte não o fizer, nos termos do art. 321 do Código de Processo Civil.

Assim, o juiz, ao analisar a petição inicial e perceber que a petição inicial não preencheu todos os requisitos previstos em lei ou apresenta defeitos e irregularidades capazes de dificultar o julgamento de mérito, determinará o que o autor, no prazo de 15 (quinze) dias, a emende ou complete, indicando com precisão o que deve ser cumprido ou completado pelo autor, sob pena de indeferimento liminar da exordial.

Caso o vício seja insanável, a petição inicial será liminarmente indeferida, sem que seja concedida ao autor qualquer prazo para emenda, *ex vi* art. 330 do Código de Processo Civil e Súmula nº 263 do Tribunal Superior do Trabalho.

Ou seja, para o Tribunal Superior do Trabalho, somente é possível a emenda da petição inicial em hipótese de ausência do documento indispensável ou de outro requisito legal e, em se tratando das hipóteses do art. 330 do Código de Processo Civil, a petição inicial será indeferida liminarmente.

O indeferimento da petição inicial poderá ser parcial ou total, vez que, a depender do caso concreto, o magistrado indeferirá parcial ou integralmente a exordial.

Sendo o indeferimento parcial de petição inicial, a decisão do magistrado que rejeita parte da demanda será uma decisão interlocutória, a qual, no caso trabalhista, é irrecorrível de imediato, nos termos do art. 893, § 1º, da Consolidação das Leis do Trabalho e da Súmula nº 214 do Tribunal Superior do Trabalho. Nesses casos, a parte autora deve esperar a decisão final para impugná-la — extinção sem resolução do mérito de um ou de alguns dos pedidos, como é o caso da petição inicial em que o autor apresenta um ou alguns pedidos que não observam o art. 840 § 1º, da Consolidação das Leis do Trabalho.

Lado outro, caso a inicial seja liminar e integralmente indeferida pelo magistrado, haverá a hipótese de sentença passível de recurso ordinário imediato. Nessa situação, não haverá condenação de honorários advocatícios, vez que o réu não apresentou defesa.

Caso o autor apresente recurso ordinário, nos termos do art. 331 do Código de Processo Civil, é possível que o juízo faça uma retratação no prazo de 5 (cinco) dias e reforme a própria decisão, se entender que, apesar da questão recorrida, ela ainda está apta.

Tendo em vista que a citação no processo do trabalho não é realizada pelo magistrado, mas sim pelo escrivão ou secretário, *ex vi* art. 841 da Consolidação das Leis do Trabalho, dentro de 48 (quarenta e oito horas) após o recebimento da petição inicial, somente com a presença da parte na audiência, é confirmada a regularidade da citação. Além disso, a parte, quando representada por advogado, poderá apresentar defesa escrita pelo sistema de processo judicial eletrônico até a audiência, conforme art. 847, parágrafo único, da Consolidação das Leis do Trabalho, e, no caso de *jus postulandi*, poderá apresentar a defesa após a tentativa frustrada de conciliação, no prazo de 20 (vinte) minutos, nos termos do art. 848 da Consolidação das Leis do Trabalho. Assim, a prática forense tem admitido, quando possível, que o autor emende a petição inicial em audiência una (ou inaugural), desde que o réu não tenha apresentado a defesa (*jus postulandi*) ou o magistrado não tenha aberto e o autor não tenha visto a defesa no sistema de processo judicial eletrônico, redesignando-se a audiência para outra data.

3.1.2.7 Aditamento da petição inicial

Aditar a petição inicial significa aumentá-la, alterando o pedido ou a causa de pedir.

A Consolidação das Leis do Trabalho é omissa quanto ao tema, e por isso, pela princípio da subsidiariedade, aplica-se o art. 321 do Código de Processo Civil.

Tendo em vista que a citação no processo do trabalho não é realizada pelo magistrado, mas sim pelo escrivão ou secretário, *ex vi* art. 841 da Consolidação das Leis do Trabalho, dentro de 48 (quarenta e oito horas) após o recebimento da petição inicial, somente com a presença da parte na audiência, é confirmada a regularidade da citação. Além disso, a parte, quando representada por advogado, poderá apresentar defesa escrita pelo sistema de processo judicial eletrônico até a audiência, conforme art. 847, parágrafo único, da Consolidação das Leis do Trabalho, e, no caso de *jus postulandi*, poderá apresentar a defesa após a tentativa frustrada de conciliação, no prazo de 20 (vinte) minutos, nos termos do art. 848 da Consolidação das Leis do Trabalho. Assim, a prática forense tem admitido o aditamento da petição inicial em audiência una (ou inaugural), desde que o réu não tenha apresentado a defesa (*jus postulandi*) ou o autor não tenha visto a defesa no sistema de processo judicial eletrônico, redesignando-se a audiência para outra data.

Apresentada a defesa ou o autor tendo visto a defesa no sistema de processo judicial eletrônico, o aditamento somente poderá ser feito com anuência do réu.

3.1.2.8 Improcedência liminar do pedido

Em algumas hipóteses, é permitido ao juízo julgar como liminarmente improcedentes os pedidos formulados pelo autor, ou seja, com resolução de mérito, mesmo antes da citação do réu, *ex vi* art. 332 do Código de Processo Civil

O Tribunal Superior do Trabalho estabeleceu, no art. 7º da Instrução Normativa nº 39/2016, que o art. 332 do Código de Processo Civil é aplicável no processo do trabalho somente nas hipóteses em que a fase instrutória é dispensável. Nesses casos, mesmo que tenham sido carreados aos autos prova pré-constituída, o autor não possui direito ao que alega ter.

Nesse modal, o magistrado encontra-se adstrito à questão de direito. Não importa se existe ou não suporte fático verdadeiro ou falacioso, o modo comportamental é limitado; por isso, o réu nem será citado da demanda e os pedidos do autor serão liminarmente julgados improcedentes.

O art. 7º da Instrução Normativa nº 39/2016 estabelece que são hipóteses de incidência do art. 332 do Código de Processo Civil o pedido do autor que contrariar: I) enunciado de súmula do Supremo Tribunal Federal ou do Tribunal Superior do Trabalho (Código de Processo Civil, art. 927, inciso V); II) acórdão proferido pelo Supremo Tribunal Federal ou pelo Tribunal Superior do Trabalho em julgamento de recursos repetitivos (Consolidação das Leis do Trabalho, art. 896-B; Código de Processo Civil, art. 1046, § 4º); III) entendimento firmado em incidente de resolução de demandas repetitivas ou de assunção de competência; IV) enunciado de súmula de Tribunal Regional do Trabalho sobre direito local, convenção coletiva de trabalho, acordo coletivo de trabalho, sentença normativa ou regulamento empresarial de observância obrigatória em área territorial que não exceda à jurisdição do respectivo Tribunal (Consolidação das Leis do Trabalho, art. 896, "b", a *contrario sensu*).

O autor será intimado da sentença de improcedência liminar do pedido, passível de recurso ordinário.

Caso o autor não interponha recurso ordinário, o réu será intimado do trânsito em julgado da sentença, nos termos do art. 332, § 2º, do Código de Processo Civil.

Porém, caso o autor apresente recurso ordinário, é facultado ao magistrado fazer juízo de retratação, no prazo de 5 (cinco) dias, conforme art. 332, § 3º, do Código de Processo Civil, podendo anular a própria sentença e determinar a citação do réu para apresentar a defesa, bem como o prosseguimento do feito, *ex vi* art. 332, § 4º, do Código de Processo Civil.

Na hipótese de não existir juízo de retratação, o juízo determinará a citação, para que o réu tome ciência da demanda, integre a relação processual e, querendo, apresente contrarrazões, nos moldes do art. 332, § 4º, do Código de Processo Civil.

O intérprete do direito não pode confundir o indeferimento da petição inicial integral, que enseja a extinção do feito sem julgamento de mérito, com a improcedência liminar do pedido, que, por seu turno, acarreta a extinção do feito com resolução do mérito antes mesmo da citação do réu. Fazendo uma análise paralela das situações, percebe-se com facilidade que são institutos completamente distintos e inconfundíveis.

3.1.2.9 Desistência da ação trabalhista

A desistência da ação trabalhista ocorre quando o autor informa ao juízo que pretende retirar do Poder Judiciário seu processo ou parte dele, prejudicando, assim, o julgamento de todos ou de alguns pedidos que tenha apresentado — a desistência pode ser total ou parcial.

Acontece que o autor terá o direito de desistir unilateralmente quando o réu não tiver apresentado defesa, nos termos do art. 841, § 3º, da Consolidação das Leis do Trabalho.

Após a apresentação da defesa, a desistência da demanda deverá ser aceita somente se o réu concordar com o pedido formulado pelo autor. Porém, caso não concorde com a desistência, o réu deverá justificar sua discordância, vez que essa manifestação é um ato vinculado, e não discricionário.

O autor poderá desistir da demanda sem o consentimento do réu caso o processo esteja no incidente de recurso de revista repetitivo, previsto nos arts. 896-B e 896-C, da Consolidação das Leis do Trabalho, o qual enseja o julgamento por amostragem, após o Tribunal Superior do Trabalho julgar os processos selecionados e constituir a tese (precedente vinculante a todos os processos idênticos ou semelhantes, em trâmite ou que serão ajuizados no futuro com o mesmo objeto).

Constituída a tese pelo Tribunal Superior do Trabalho e não tendo sido proferida sentença, o autor poderá desistir do processo sem o consentimento do réu, mesmo que este já tenha apresentado a defesa, caso em que aquele ficará isento do pagamento das custas e honorários.

3.1.2.10 Distribuição

A ação trabalhista verbal será distribuída antes de ser reduzida a termo, devendo o autor comparecer no prazo de 5 (cinco) dias à Justiça do Trabalho para fazê-lo e juntar documentos (caso possua), sob pena de não poder apresentar outra demanda idêntica pelo prazo de 6 (seis) meses, conforme arts. 731, 786 e 787, todos da Consolidação das Leis do Trabalho.

Em se tratando de reclamação trabalhista escrita, conforme art. 841, § 2º, da Consolidação das Leis do Trabalho, a distribuição será feita no momento da sua apresentação, ficando o reclamante já intimado do juízo, data e horário da audiência em que deverá comparecer.

3.1.2.11 Tutela provisória

A tutela provisória é a possibilidade de o autor alcançar uma tutela jurisdicional antes que seja proferida a sentença, ou seja, de maneira não definitiva. Trata-se de gênero formado por duas espécies, sendo elas: 1) tutela de urgência e 2) tutela de evidência, regulamentadas nos arts. 294 ao 311 do Código de Processo Civil.

É um modal de cognição sumária, formado por três características: 1) cognição sumária e não exauriente, 2) precariedade e 3) não sujeição à coisa julgada.

A tutela provisória é compatível com o processo do trabalho e aplicável ele, conforme o art. 3º, VI, da Instrução Normativa nº 39/2016 do Tribunal Superior do Trabalho, tanto no espectro de urgência como no de evidência.

O Código de Processo Civil em nada regulamenta a possibilidade da concessão da tutela provisória de ofício. Entende-se que, diante do hiato normativo, a tutela provisória somente pode ser concedida mediante requerimento da parte, porquanto se trata de uma tutela que produz reflexos imediatos no direito material e provoca responsabilidade objetiva da parte.

A tutela de urgência (prevista nos arts. 300 a 310 do Código de Processo Civil) subdivide-se em antecipada e cautelar (ambas estabelecidas nos arts. 300 a 303 do Código de Processo Civil) e pode ser incidental ou antecedente. A tutela de evidência (*ex vi* art. 311 do Código de Processo Civil) não se subdivide e sempre é incidental.

A tutela de urgência pode ser antecipada (satisfação) ou cautelar (conservação), e ambas estão relacionadas à urgência e possuem os mesmos requisitos, quais sejam: 1) probabilidade do direito e; 2) perigo de dano ou risco ao resultado útil do processo. O momento do requerimento pode ser incidental ou antecedente.

A finalidade da tutela de urgência antecipada é antecipar os efeitos da decisão que será proferida em sentença (definitiva), sendo os pedidos idênticos. Assim, o que ocorre na tutela antecipada é a precipitação dos efeitos da sentença. O fundamento da tutela antecipada é a urgência diante de prova incontroversa ou de ação protelatória do réu, e a sua natureza jurídica é satisfativa, pois o próprio direito material que a ser decidido na sentença será tutelado.

A finalidade da tutela de urgência cautelar é resguardar a futura eficácia da tutela da ação principal. O resultado pretendido na tutela de urgência cautelar é diverso daquele pretendido nos autos principais, vez que a cautelar não tem por objetivo antecipar os efeitos da sentença, mas de ofertar segurança ao bem jurídico discutido nos autos. O seu fundamento é a necessidade do perigo na demora e da fumaça do bom direito, sendo a natureza jurídica assecuratória, porquanto conserva o direito material que será decidido na sentença e evita que a tutela jurisdicional seja infrutífera.

A tutela antecipada antecedente encontra-se prevista nos arts. 303 e 304 do Código de Processo Civil, ao passo que a tutela cautelar antecedente é disciplinada nos arts. 305 a 310 do mesmo diploma processualista.

A tutela incidental, seja ela de urgência ou de evidência, dar-se-á no curso processual e, por isso, no bojo dos autos principais em que a tutela definitiva já foi requerida. Assim, ela é apresentada e concedida a qualquer momento, sem grandes formalidades, sendo pleiteada através de simples petição ou até mesmo na própria petição inicial da ação.

A tutela antecedente é realizada anteriormente ao pedido da tutela definitiva, antes de o processo principal existir. Ela tem como objetivo antecipar os seus efeitos, razão pela qual o autor primeiro pede a tutela provisória e, somente depois disso, pleiteia a tutela definitiva. Assim, o requerente está submetido a normas específicas que ensejam procedimentos distintos, porquanto formuladas em momento pretérito àquela em que se pleiteia a tutela definitiva.

A tutela antecipada antecedente, prevista nos arts. 303 e 304 do Código de Processo Civil, deve ser requerida antes da propositura da ação principal (tutela definitiva). A petição inicial da tutela antecipada antecedente é incompleta e simples, devendo o autor limitar-se a requerer o pedido da tutela antecipada e apresentar o pedido de tutela definitiva (final) fazendo uma breve exposição daquilo que está buscando efetivar e o perigo de dano ou do resultado útil do processo, a fim de comprovar que almeja a utilização dos benefícios da tutela provisória antecipada em sede antecedente.

A incompletude e a simplicidade da exordial apresentada de maneira antecedente, requerendo uma tutela antecipada, são consubstanciadas no fato de o autor não ter tido tempo hábil para formular uma petição completa e com todas as formalidades necessárias devido à urgência que a situação exige.

Caso a tutela antecipada antecedente seja concedida, o autor será intimado da decisão e convocado também para aditar a petição inicial no prazo de 15 (quinze) dias ou outro maior que o juiz fixar. Nesse caso, deve haver a complementação da argumentação da peça e a inserção das formalidades previstas em lei, bem como a juntada de novos documentos e o pedido de confirmação do pedido de tutela definitiva. Após o aditamento da petição inicial, será observado o procedimento comum trabalhista (sumário, sumaríssimo ou ordinário, a depender do valor da causa), e o réu será citado da demanda e intimado da data da audiência, nos termos do art. 841 da Consolidação das Leis do Trabalho. Ele também será intimado da decisão que concedeu a tutela antecipada antecedente.

Caso o autor não faça o aditamento no prazo fixado pelo magistrado, a demanda será extinta sem resolução do mérito, *ex vi* arts. 303, § 2º e 485 do Código de Processo Civil.

Na hipótese de o juiz entender que inexistem elementos para a concessão da tutela antecipada antecedente, o autor será intimado para aditar a petição inicial no prazo de 5 (cinco) dias, sob pena de o processo ser extinto sem resolução do mérito, *ex vi* arts. 303, § 6º e 485 do Código de Processo Civil.

A decisão que concedeu a tutela antecipada antecedente se tornará estável caso o réu apresente o respectivo recurso contra a decisão interlocutória, devendo o processo ser extinto, *ex vi* art. 304, § 1º, do Código de Processo Civil.

Tendo em vista que, no processo do trabalho, as decisões interlocutórias são irrecorríveis de imediato, nos termos do art. 893, § 1º, da Consolidação das Leis do Trabalho, entende-se que o réu deverá apresentar imediatamente um mandado de segurança, conforme a Súmula nº 414, II, do Tribunal Superior do Trabalho, e uma contestação em audiência.

Caso o réu não impetre mandado de segurança, ocorrerá a estabilização da decisão que concedeu a tutela antecipada antecedente, mas esta não fará coisa julgada, podendo, inclusive, a estabilidade dos efeitos ser afastada por uma decisão judicial que a reveja, reforme ou invalide (nesse caso, essa decisão será proferida em ação proposta por alguma das partes em face da outra).

Diante da não formação da coisa julgada, a ação que deverá ser apresentada pela parte para rever, reformar ou invalidar a decisão que concedeu a tutela antecipada antecedente não é a rescisória, afinal, sem o trânsito em julgado, não há que se falar nessa modalidade de ação.

O prazo decadencial para o ajuizamento da ação para a parte pleitear o seu direito de rever, reformar ou invalidar a decisão interlocutória (desconstituir a tutela antecipada antecedente) é decadencial, de 2 (dois) anos, contados da ciência da decisão que extinguiu o processo.

Por seu turno, a tutela cautelar antecedente, estabelecida nos arts. 305 e 310 do Código de Processo Civil, também deve ser requerida antes da propositura da ação principal (tutela definitiva), devendo o autor apresentar a lide e seu fundamento, bem como a exposição sumária do direito que se objetiva assegurar e o perigo de dano ou risco ao resultado útil ao processo.

O magistrado, ao receber a petição inicial, poderá conceder a tutela cautelar antecedente liminarmente ou após a justificação prévia. Depois disso, determinará a citação do réu para que este, no prazo de 5 (cinco) dias, apresente contestação quanto ao pedido cautelar antecedente formulado pelo autor e indique provas que pretende produzir.

Caso o réu não apresente contestação, os fatos alegados pelo autor serão considerados verdadeiros, e o juiz preferirá decisão interlocutória em 5 (cinco) dias. Caso o réu apresente contestação, será observado o procedimento comum trabalhista (sumário, sumaríssimo ou ordinário, a depender do valor da causa), e, nesse caso específico, ele somente será citado da demanda, mas não intimado da audiência.

Na hipótese de a tutela cautelar antecedente ser concedida pelo juiz, o pedido principal deverá ser apresentado pelo autor em 30 (trinta) dias, nos mesmos autos do pedido da tutela cautelar antecedente. Após esse aditamento da petição inicial, as partes serão intimadas para a audiência e o réu será informado do aditamento apresentado pelo autor. Será nessa audiência que o réu deverá apresentar a contestação, *ex vi* art. 847 da Consolidação das Leis do Trabalho.

A liminar concedida em sede de tutela cautelar antecedente perderá a eficácia da tutela, se: **I)** o autor não deduzir o pedido principal no prazo legal; **II)** não for efetivada dentro de 30 (trinta) dias; e **III)** o juiz julgar improcedente o pedido principal formulado pelo autor ou extinguir o processo sem resolução de mérito. Se por qualquer motivo cessar a eficácia da tutela cautelar, é vedado à parte renovar o pedido, salvo sob novo fundamento.

Caso o pedido de tutela cautelar antecedente não seja concedido, o réu poderá apresentar mandado de segurança, conforme Súmula nº 414, II, do Tribunal Superior do Trabalho. Além disso, também poderá apresentar o pedido principal.

O indeferimento da tutela cautelar antecedente não influi no julgamento do pedido principal, salvo se o motivo da não concessão for o reconhecimento de decadência ou de prescrição (art. 487, II, do Código de Processo Civil), que, na seara trabalhista, não podem ser declarados de ofício.

A tutela de evidência não está relacionada à urgência e será concedida independentemente da demonstração do perigo de dano ou de risco ao resultado útil ao processo se: 1) houver caracterização do abuso do direito de defesa ou manifesto propósito protelatório da parte; 2) as alegações de fato puderem ser comprovadas apenas documentalmente e tiver havido tese firmada em julgamento de casos definitivos ou em súmula vinculante; 3) houver pedido reipersecutório fundado em prova documental adequada do contrato de depósito, caso em que será decretada a ordem de entrega do objeto custodiado, sob cominação de multa e; 4) a petição inicial for instruída com prova documental suficiente dos fatos constitutivos do direito do autor, a que o réu não oponha prova capaz de gerar dúvida razoável. O momento do requerimento da tutela de evidência é somente e sempre incidental, mediante simples petição, e regulamentada no art. 311 do Código de Processo Civil.

A tutela de evidência, nas hipóteses dos incisos II e III, do art. 311 do Código de Processo Civil, pode ser concedida antes do contraditório prévio, mas, nos casos dos incisos I e IV, somente pode ser deferida após ele.

Todas as tutelas provisórias, seja de urgência (antecipada ou cautelar, na modalidade incidental ou antecedente), seja de evidência (sempre incidental), podem ser concedidas antes da sentença ou no momento de proferição desta.

A Súmula nº 414 do Tribunal Superior do Trabalho determina que, caso a tutela provisória seja concedida ou indeferida através de decisão interlocutória (antes da sentença), a parte poderá impetrar mandado de segurança; caso seja concedida ou indeferida na sentença, será passível de recurso ordinário, podendo obter efeito suspensivo por meio de simples petição dirigida ao Tribunal. Caso seja concedida ou indeferida pelo relator no Tribunal, será hipótese de agravo regimental, *ex vi* art. 1.021 do Código de Processo Civil.

Importante destacar que é permitida a concessão de tutela provisória contra a Fazenda Pública, salvo nas hipóteses previstas em lei: 1) medida liminar que tenha por objeto a compensação de créditos tributários, a entrega de mercadorias e bens provenientes do exterior, a reclassificação ou equiparação de servidores públicos e a concessão de aumento ou a extensão de vantagens ou pagamento de qualquer natureza — art. 7º, §§ 2º e 5º, da Lei nº 12.016/2009; 2) esgotamento, no todo ou em qualquer parte, do objeto da ação — art. 1º, § 3º, da Lei nº 8.437/1992 e; 3) quando impugnado, em primeira instância, ato de autoridade sujeita, na via de mandado segurança, à competência originária de tribunal, ressalvados a processos de ação popular e de ação civil pública — art. 1º, §§ 1º e 2º, da Lei nº 8.437/1992.

3.1.2.12 Citação

A citação no processo do trabalho não é realizada pelo magistrado, mas em via postal com franquia pelo escrivão ou secretário, no prazo de 48 (quarenta e oito) horas, a contar do recebimento em cartório, com o envio da segunda via da petição inicial ou do termo à reclamada, notificando-a, ao mesmo tempo, para comparecer à audiência do julgamento, conforme p art. 841 da Consolidação das Leis do Trabalho.

Portanto, o réu, além de ser citado, também é intimado sobre o juízo, a data e a hora da audiência, que somente poderá ser realizada após o prazo de 5 (cinco) dias, contados da data da citação.

A Súmula nº 16 do Tribunal Superior do Trabalho estabelece que se presume recebida a citação em 48 (quarenta e oito) horas depois da postagem, sendo que o não recebimento ou a entrega após o decurso desse prazo constituem ônus de prova do destinatário.

A regra é que a citação seja feita via postal, porém, caso o réu crie embaraços ao recebimento ou não seja encontrado, a citação será realizada por edital, inserto no jornal oficial ou no que publicar o expediente forense. Ainda, na falta de periódico desse tipo, o documento será afixado na sede da Junta ou do Juízo.

3.1.2.13 Ações plúrimas

As ações plúrimas são aquelas em que se tem o litisconsorte ativo, previsto no art. 842 da Consolidação das Leis do Trabalho. Referido dispositivo traz em seu bojo a hipótese de acumulação de demandas, que ocorrerá quando existirem várias reclamações trabalhistas e, entre elas, houver identidade de matéria e os reclamantes forem empregados da mesma empresa ou estabelecimento. Nesses casos, as demandas poderão ser acumuladas num só processo.

A Súmula nº 36 do Tribunal Superior do Trabalho determina que, nas ações plúrimas, as custas incidem sobre o respectivo valor global. Assim, todos os pedidos formulados pelos reclamantes devem ser somados, alcançado, assim, a base de cálculo dos 2% (dois por cento) das custas.

3.1.2.14 Audiência

Inicialmente, cumpre destacar que, nos termos do art. 815 da Consolidação das Leis do Trabalho, o magistrado pode atrasar até 15 (quinze) minutos. Essa hipótese é direcionada tão somente a ele, não podendo as partes se atrasarem, sob pena de aplicação do disposto na Orientação Jurisprudencial nº 245 da Seção Especializada em Dissídio Individual I do Tribunal Superior do Trabalho.

O autor e o réu deverão estar presentes na audiência, independentemente do comparecimento de seus representantes, salvo nos casos de reclamações plúrimas ou de ações de cumprimento, quando os empregados poderão fazer-se representar pelo sindicato da sua categoria, *ex vi* art. 843 da Consolidação das Leis do Trabalho. O não comparecimento do reclamante enseja o arquivamento da ação, e o não comparecimento do réu importa a revelia, além da confissão quanto à matéria de fato, conforme o art. 844, *caput*, da Consolidação das Leis do Trabalho.

Ao empregador é permitido comparecer pessoalmente (quando o empregador for pessoa física), ou, ainda, por meio de um dos seus sócios ou de um preposto (quando o empregador for pessoa jurídica). Este deve ter conhecimento dos fatos, e suas declarações vincularão e obrigarão o empregador. Importante destacar que o preposto pode ser o gerente ou qualquer outra pessoa, não precisando necessariamente ser empregado do réu, *ex vi* art. 843, § 1º, da Consolidação das Leis do Trabalho. A veracidade e a legitimidade do preposto se darão através da carta de preposição, que poderá ser juntada em audiência ou após um prazo de 5 (cinco) dias contado da data da audiência e concedido pelo juiz para a realização do feito.

Caso o empregado não compareça em audiência por motivo de doença ou qualquer outro motivo poderoso, devidamente comprovado, poderá fazer-se representar por outro empregado que pertença à mesma profissão, ou mesmo pelo sindicato. Urge salientar que essa hipótese é completamente distinta da hipótese da figura do preposto do empregador, porquanto aqui a representação dar-se-á com o único objetivo de não permitir que a demanda seja arquivada, razão pela qual o empregado da mesma profissão ou o sindicato não prestam depoimento, mas tão somente informam e comprovam a ausência do reclamante, fazendo com que seja designada uma nova audiência em que este possa comparecer.

Nos termos da Súmula nº 9 do Tribunal Superior do Trabalho, a ausência do autor, quando adiada a instrução após a contestação da ação em audiência, não importa arquivamento do processo. Por isso, nessa hipótese, aplica-se a ele a *confissão ficta*.

A Súmula nº 74 do Tribunal Superior do Trabalho estabelece que: I) aplica-se a confissão à parte que, expressamente intimada com aquela cominação, não comparecer à audiência em prosseguimento, na qual deveria depor; II) a prova pré-constituída nos autos pode ser levada em conta para confronto com a confissão ficta, não implicando cerceamento de defesa o indeferimento de provas posteriores; e III) a vedação à produção de prova posterior pela parte confessa somente a ela se aplica, não afetando o exercício, pelo magistrado, do poder/dever de conduzir o processo.

Importante trazer à baila que pode ocorrer a hipótese de confissão recíproca, quando o reclamante se ausentar da audiência nos termos das Súmulas nº 9 e 74 do Tribunal Superior do Trabalho, e a empresa também não comparecer, nos termos do art. 844 da Consolidação das Leis do Trabalho.

A Súmula nº 112 do Tribunal Superior do Trabalho determina que a ausência da reclamada na audiência que deveria apresentar contestação poderá ser justificada, ilidindo a revelia mediante a apresentação de atestado médico. Este deverá declarar, expressamente, a impossibilidade de locomoção do empregador ou do seu preposto no dia da audiência.

As audiências são públicas e realizadas na sede do Juízo ou do Tribunal em dias úteis previamente fixados, devendo observar o quinquídio do art. 841 da Consolidação das Leis do Trabalho. Devem ocorrer entre as 8 (oito) e 18 (horas) e não podem ultrapassar 5 (cinco) horas seguidas, salvo quando houver matéria urgente, tudo conforme o art. 813 da Consolidação das Leis do Trabalho.

Excepcionalmente, a audiência poderá ser realizada em outro local, mediante edital afixado na sede do Juízo ou Tribunal, com antecedência mínima de 24 (vinte e quatro) horas.

Sempre que for necessário, poderão ser convocadas audiências extraordinárias, observado o prazo de 24 (vinte e quatro) horas.

O art. 473, VIII, da Consolidação das Leis do Trabalho, dispõe que o empregado poderá deixar de comparecer ao serviço sem prejuízo do salário pelo tempo que se fizer necessário, quando tiver de comparecer a juízo. A Súmula nº 155 do Tribunal Superior do Trabalho estabelece que não serão descontadas do salário as horas em que o empregado falta ao serviço para o comparecimento necessário à Justiça do Trabalho como parte.

3.2 Ação civil pública

A ação civil pública é uma espécie de ação coletiva, inserida no bojo do processo coletivo ao lado do dissídio coletivo, da ação popular e da ação civil coletiva.

Trata-se de uma ação que tem como objetivo a tutela dos direitos coletivos (difusos, coletivos *stricto sensu* e individuais homogêneos, *ex vi* art. 81 do Código de Defesa do Consumidor), com previsão legal na Constituição Federal, na Lei nº 7.347/1985 e na Lei Complementar nº 75/1993.

Na Justiça do Trabalho, a competência funcional da ação civil pública é uma Vara do Trabalho; quanto à competência territorial (ao contrário da ação individual), ela tem natureza absoluta (e não relativa), porquanto é questão de competência funcional-territorial, afinal a lei resguarda o interesse público, e não o particular (individual).

Assim, a competência territorial na ação civil pública, estabelecida no art. 2º, da Lei nº 7.347/1985, é uma questão de competência absoluta, de ordem pública, sendo inderrogável e improrrogável por vontade das partes.

A regra art. 2º, do parágrafo único, da Lei nº 7.347/1985, alcança as ações conexas ou continentes, bem como os casos de litispendência, no plano coletivo. As pessoas individuais não se submetem necessariamente ao juízo da ação civil pública, motivo pelo qual podem ajuizar ações individuais em foro distinto.

Sendo o dano local, a competência é da Vara do Trabalho onde o dano ocorreu. Nesse caso, a propositura da ação torna o juízo prevento para todas as ações posteriormente ajuizadas que tenham a mesma causa de pedir ou o mesmo objeto.

Caso o dano ultrapasse o foro local, o Tribunal Superior do Trabalho estabelece a Orientação Jurisprudencial nº 130 da Seção Especializada em Dissídio Individual II do Tribunal Superior do Trabalho, no sentido de que: I) a competência para a ação civil pública fixa-se pela extensão do dano; II) em caso de dano de abrangência regional que atinja cidades sujeitas à jurisdição de mais de uma Vara do Trabalho, a competência será de qualquer das varas das localidades atingidas, ainda que vinculadas a Tribunais Regionais do Trabalho distintos; III) em casa de dano de abrangência suprarregional ou nacional, há competência concorrente para a ação civil pública das Varas do Trabalho das sedes dos Tribunais Regionais do Trabalho; e IV) estará prevento o juízo a que a primeira ação houver sido distribuída.

A legitimidade ativa na ação civil pública advém da substituição processual, porquanto um terceiro em nome próprio defende interesse alheio.

São legitimados para ajuizar ação civil pública, conforme previsto no art. 5º da Lei nº 7.347/1985: I) o Ministério Público; II) a Defensoria Pública; III) a União, os Estados, o Distrito Federal e os Municípios; IV) a autarquia, empresa pública, fundação ou sociedade de economia mista; V) a associação que, concomitantemente: a) esteja constituída há pelo menos 1 (um) ano nos termos da lei civil; b) inclua, entre suas finalidades institucionais, a proteção ao patrimônio público e social, ao meio ambiente, ao consumidor, à ordem econômica, à livre concorrência, aos direitos de grupos raciais, étnicos ou religiosos ou ao patrimônio artístico, estético, histórico, turístico e paisagístico.

Conforme o art. 5º, § 1º, da Lei nº 7.347/1985, o Ministério Público, se não intervier no processo como parte, atuará obrigatoriamente como fiscal da lei. Já § 2º da mesma lei faculta ao Poder Público e a outras associações legitimadas habilitar-se como litisconsortes de qualquer das partes, nos termos do artigo.

Em caso de desistência infundada ou abandono da ação por associação legitimada, o Ministério Público ou outro legitimado assumirá a titularidade ativa, nos termos do art. 5º, § 3º, da Lei nº 7.347/1985.

Tendo em vista que objeto do processo coletivo é irrenunciável pelo autor coletivo, torna-se inviabilizada a desistência imotivada da ação coletiva e, se houver, ela não implicará a extinção do processo, e sim uma sucessão processual pelo Ministério Público do Trabalho — princípio da disponibilidade motivada da ação coletiva.

Importante destacar que essa sucessão processual mediante a assunção da titularidade ativa pelo Ministério Público ou outro legitimado é uma faculdade, e não um dever, já que nenhum dos legitimados poderá ser obrigado a assumir a titularidade ativa da ação civil pública, vez que não são os titulares dos direitos materiais discutidos em juízo e o exercício do direito de ação dependerá da vontade do titular coletivo, que advém do princípio da independência funcional.

O requisito da pré-constituição poderá ser dispensado pelo juiz, quando houver manifesto interesse social evidenciado pela dimensão ou característica do dano, ou pela relevância do bem jurídico a ser protegido, conforme dispõe o art. 5º, § 5º, da Lei nº 7.347/1985. O mesmo dispositivo admite, ainda, o litisconsórcio facultativo entre os Ministérios Públicos da União, do Distrito Federal e dos Estados na defesa dos interesses e direitos de que cuida referida lei.

Além disso, o art. 5º, § 6º, da Lei nº 7.347/1985 dispõe que os órgãos públicos legitimados poderão tomar dos interessados um compromisso de ajustamento de conduta às exigências legais, mediante cominações. Referido dispositivo terá eficácia de título executivo extrajudicial.

A ação civil pública segue o procedimento ordinário, conforme determina o art. 19 da Lei nº 7.347/1985, salvo em caso de improbidade administrativa, hipótese na qual será seguido o rito processual especial, se previsto em lei.

A ação civil pública possui as fases postulatória, saneadora, instrutória, decisória e executiva.

O autor da ação civil pública trabalhista deverá obedecer aos requisitos previstos nos arts. 840 da Consolidação das Leis do Trabalho e do art. 330 do Código de Processo Civil, sendo que o art. 3º da Lei nº 7.347/1985 permite que a ação tenha por objeto a condenação em dinheiro ou o cumprimento de obrigação de fazer ou não fazer.

O arts. 4º e 12 da Lei nº 7.347/1985 autorizam a utilização das tutelas de urgência (antecipada ou cautelar) na ação civil pública, devendo, para tanto, observar-se a sistemática estabelecida no Código de Processo Civil, segundo os arts. 294 e seguintes.

Quanto à prescrição, em se tratando de direitos e interesses difusos e coletivos, não há prescrição, ao passo que, sendo direitos individuais homogêneos, incide a prescrição trabalhista, prevista no art. 7º, XXIX, da Constituição Federal, e no art. 11 da Consolidação das Leis do Trabalho.

No âmbito da Justiça do Trabalho, a ação civil pública tramitará no procedimento ordinário trabalhista e, por isso, após o seu ajuizamento, o réu será citado e intimado para a audiência trabalhista, conforme o art. 841 da Consolidação das Leis do Trabalho.

Tendo em vista que os substitutos não são os titulares do direito material discutido em juízo, não podem dispor (confessar e transigir) dos direitos materiais pretendidos, razão pela qual não prestam depoimento pessoal.

A ação civil pública é decidida através de uma sentença proferida pelo juiz da Vara do Trabalho. Quanto à extensão dessa sentença, o Supremo Tribunal Federal, no julgamento do Recurso Extraordinário nº 1.101.937, de repercussão geral, com o Tema nº 1.075, declarou a inconstitucionalidade do art. 16 da Lei nº 7.347/1985[11], fixando a seguinte tese acerca dos danos coletivos: I) é inconstitucional o art. 16 da Lei nº 7.347, de 1985, alterada pela Lei nº 9.494, de 1997; II) em se tratando de ação civil pública de efeitos nacionais ou regionais, a competência deve observar o art. 93, II, do CDC

[11] Supremo Tribunal Federal, RE 1.101.937, Plenário, Rel. Ministro Alexandre de Moraes, DJE 11.03.2021.

(ou seja, a ação deve ser proposta no foro da capital do estado ou do DF); III) uma vez propostas várias ações civis públicas de âmbito nacional ou regional, firma-se a prevenção do juízo que primeiro conheceu de uma delas, para o julgamento de todas as demandas conexas.

Portanto, a partir desse emblemático julgado, o Supremo Tribunal Federal definiu a competência dos danos regional e nacional e aplicou o art. 93 do Código de Defesa do Consumidor, por ausência de previsão na Lei nº 7.347/1985 (ação civil pública), estando prevento, no caso de múltiplas ações, o juízo que primeiro conhecer de uma delas. Assim, passou a caminhar no mesmo sentido da Orientação Jurisprudencial nº 130 da Subseção II da Seção Especializada em Dissídios Individuais do Tribunal Superior do Trabalho[12].

Mesmo diante de uma lacuna normativa, o Supremo Tribunal Federal ofertou a devida segurança jurídica aos jurisdicionados brasileiros, destinando à ação civil pública uma visão evolucionista e progressista. Assim, fez com que a decisão proferida na ação civil pública alcance e tutele todas as pessoas/vítimas no território nacional de maneira equânime através da substituição processual, em nome da estabilidade, da integridade e da coerência jurisdicional, além, é claro, da segurança jurídica.

---

[12] PIMENTA, José Roberto Freire; PEREIRA, Ricardo José Macedo de Britto; ROCHA, Cláudio Iannotti da. A extensão territorial da sentença na ação civil pública: evolução da jurisprudência do supremo tribunal federal até a pronúncia da inconstitucionalidade do artigo 16 da lei 7.347/1985. *In:* NETO, Alberto Nemer; ROCHA, Cláudio Iannotti da; RIZEK FILHO, José Carlos; PIMENTA, José Roberto Freire; PEREIRA, Ricardo José Macedo de Britto. (Orgs.). *Coleção Direito Material e Processual do Trabalho Constitucionalizados*: processo coletivo do trabalho – vol. 4. São Paulo: LEX; OAB Nacional, 2021, p. 79.

MODALIDADES DE PETIÇÃO INICIAL TRABALHISTA NOS PROCEDIMENTOS ESPECIAIS

4.1 Inquérito para apuração de falta grave

Muito embora a nomenclatura tenha o condão de conduzir o intérprete a uma conclusão equivocada, trata-se de um atecnicismo, porquanto se trata de uma ação judicial, *ex vi* arts. 853 ao 855, da Consolidação das Leis do Trabalho.

O inquérito judicial para apuração de falta grave é uma ação própria que somente pode ser ajuizada pelo empregado que pretende dispensar alguns empregados que possuem algumas estabilidades, sendo eles: 1) dirigente sindical (titular e suplente), detentor de estabilidade provisória (art. 8º, VIII, da Constituição Federal, art. 543, § 3º, da Consolidação das Leis do Trabalho e Súmula nº 379 do

Tribunal Superior do Trabalho), 2) empregado com estabilidade decenal (art. 492 da Consolidação das Leis do Trabalho), 3) membros do Conselho Nacional de Previdência Social, enquanto representante dos trabalhadores em atividade, titulares e suplentes (art. 3º, § 7º, da Lei nº 8.213/1991), 4) empregado membro de Comissão de Conciliação Prévia (art. 625-B, § 1º, da Consolidação das Leis do Trabalho), e 5) empregado eleito diretor de sociedade cooperativa, criadas pelos empregados da empresa, detentores de estabilidade provisória (art. 55, da Lei nº 5.764/1971).

Constitui falta grave a ocorrência de qualquer dos fatos estabelecidos (rol taxativo) previstos no art. 482 da Consolidação das Leis do Trabalho, quando a prática reiterada ou a natureza jurídica constituam grave violação dos deveres e obrigações do empregado, *ex vi* art. 493 da Consolidação das Leis do Trabalho.

O art. 493 da Consolidação das Leis do Trabalho determina que o empregado acusado de falta grave poderá ser suspenso de suas funções, mas a dispensa somente se torna efetiva após o inquérito em que se verifique a procedência da acusação.

A suspensão ou não do empregado é uma faculdade do empregador, sendo que essa suspensão perdurará até a decisão final do processo de inquérito para apuração de falta grave. Assim também estabelece a Orientação Jurisprudencial nº 137 da Subseção II da Seção Especializada em Dissídios Individuais do Tribunal Superior do Trabalho.

O inquérito para apuração de falta grave é uma ação judicial de procedimento especial, regulamentada nos arts. 853 ao 855, da Consolidação das Leis do Trabalho, e àquilo que não está normatizado nesses artigos aplicam-se as disposições do procedimento comum.

A instauração do inquérito para apuração de falta grave em desfavor contra o empregado detentor com estabilidade exige que o empregador apresente uma petição inicial escrita à Vara do Trabalho ou Juízo de Direito no exercício da jurisdição trabalhista, dentro do prazo decadencial de 30 (trinta) dias, contados da suspensão — caso o empregador opte pela não suspensão, o empregador deve ajuizar a ação o mais rápido possível dentro desse prazo, contado da data que tomou ciência do fato praticado pelo empregado.

Esse modal de ação de procedimento especial não admite a petição verbal, isto é, esta deve necessariamente ser escrita. Por ser uma ação especial, de natureza dúplice, deve ser ajuizada dentro do prazo decadencial de 30 (trinta) dias, conforme a Súmula nº 403 do Supremo Tribunal Federal e a Súmula nº 62 do Tribunal Superior do Trabalho.

O inquérito para apuração de falta grave deve ser ajuizado no local em que o empregado trabalhou, nos termos do art. 651 da Consolidação das Leis do Trabalho.

No momento do ajuizamento da demanda, o autor (empregador) ficará intimado da data da audiência e o réu (empregado) será citado e intimado nos moldes do art. 841 da Consolidação das Leis do Trabalho.

Caso o autor falte à audiência, o processo será arquivado e, caso o réu falte, será declarada sua revelia, ensejando, provavelmente, a confissão ficta — na qual se presumem verdadeiros os fatos alegados pelo consignante, *ex vi* art. 844 da Consolidação das Leis do Trabalho.

Caso a demanda seja julgada procedente, o empregador terá a devida autorização judicial para dispensar o empregado detentor de estabilidade sem ter de pagar os salários e os direitos trabalhistas de todo o período da suspensão, culminando, então, em uma decisão constitutiva negativa (extinção do contrato de trabalho). Porém, caso a ação seja julgada improcedente, o empregador será condenado a reintegrar o empregado e a pagar os salários e os demais direitos trabalhistas de todo o período de suspensão.

É permitido que cada parte indique até 6 (seis) testemunhas, conforme o art. 821 da Consolidação das Leis do Trabalho.

Entende-se que, pelo fato de o empregador possuir a faculdade de suspender o empregado ou não, no inquérito de apuração de falta grave, não é possível ele fazer pedido de tutela provisória — de urgência ou de evidência.

4.2 Ação de consignação em pagamento

A ação de consignação em pagamento não é regulamentada na Consolidação das Leis do Trabalho e, por isso, aplicam-se integralmente os arts. 539 a 549 do Código de Processo Civil, através do princípio da subsidiariedade — diante do hiato normativo trabalhista integral, conforme art. 769 da Consolidação das Leis do Trabalho e art. 15 do Código de Processo Civil.

Trata-se de uma ação judicial ajuizada pelo autor em desfavor do réu para extinguir uma obrigação, vez que, conforme o art. 334 do Código Civil, considera-se pagamento, extinguindo a obrigação, o depósito judicial ou o depósito em estabelecimento bancário da coisa devida, nos casos e nas formas legais.

O art. 335 do Código Civil estabelece que é cabível a consignação em pagamento: I) se o credor não puder, ou, sem justa causa, recusar-se a receber o pagamento ou a dar quitação na devida forma; II) se o credor não for, nem mandar receber a coisa no lugar, tempo e condição devidos; III) se o credor for incapaz de receber, for desconhecido, declarado ausente, ou residir em lugar incerto ou de acesso perigoso ou difícil; IV) se ocorrer dúvida sobre quem deva legitimamente receber o objeto do pagamento; e V) se pender litígio sobre o objeto do pagamento.

No âmbito justrabalhista, a ação de consignação em pagamento é muito utilizada pelo empregador para pagar ao empregado as verbas rescisórias dentro do prazo legal de 10 (dez) dias, conforme previsto no art. 477, § 6º, da Consolidação das Leis do Trabalho, para que não incorra na mora e na multa decorrente do atraso, conforme o art. 477, § 8º, da Consolidação das Leis do Trabalho.

A petição inicial trabalhista da ação de consignação em pagamento deve obedecer aos requisitos do art. 542 do Código de Processo Civil. O autor é denominado consignante e o réu, consignado.

Nos termos do art. 542 do Código de Processo Civil, o autor deverá requerer na petição inicial: I) o depósito da quantia ou da coisa devida, a ser efetivado no prazo de 5 (cinco) dias contados do deferimento, ressalvada a hipótese do art. 539, § 3º, do Código de Processo Civil; e II) a citação do réu para levantar o depósito ou oferecer contestação. Não realizado o depósito no prazo do inciso I, o processo será extinto sem resolução do mérito.

A ação da competência em razão do lugar da consignação é o local em que empregado trabalhou, nos termos do art. 651 da Consolidação das Leis do Trabalho, devendo ser ajuizada naquele local.

No momento do ajuizamento da demanda, o autor ficará intimado da data da audiência e o réu será citado e intimado nos moldes do art. 841 da Consolidação das Leis do Trabalho.

Caso o autor falte à audiência, o processo será arquivado e. caso o réu falte, será declarada sua revelia, ensejando, provavelmente, a confissão ficta — na qual se presumem verdadeiros os fatos alegados pelo consignante, *ex vi* art. 844 da Consolidação das Leis do Trabalho.

Trata-se de uma ação de natureza jurídica declaratória e constitutiva negativa, pois, caso o pedido do autor seja julgado procedente, o juiz declara extinta a obrigação e ao mesmo tempo extingue a obrigação do autor.

O magistrado, verificando que o autor possui razão, julgará procedente o pedido do autor e declarará extinta a obrigação do consignante. Além disso, condenará o réu ao pagamento das custas e, se for o caso, dos honorários advocatícios, salvo se este for beneficiário da justiça gratuita.

Não é possível o réu apresentar reconvenção caso entenda que o valor apresentado e depositado pelo autor não seja integral. A alegação do possível recebimento da diferença deverá ser feita no bojo da contestação, através de um pedido contraposto, vez que essa ação tem natureza dúplice, conforme o art. 545, § 2º, do Código de Processo Civil. Nesse caso, o autor, concordando, terá o prazo de 10 (dez) dias para completar o pagamento, salvo se corresponder a prestação cujo inadimplemento acarrete a rescisão do contrato.

Caso o autor discorde do pagamento remanescente, o juiz poderá, desde logo, autorizar que o réu levante a quantia ou a coisa depositada, com a consequente liberação parcial, prosseguindo o feito quanto à parcela remanescente, conforme o art. 545 do Código de Processo Civil, sendo que a sentença a ser proferida determinará se esse valor é ou não devido. Caso seja devido, a sentença torna-se um título executivo judicial, e ao credor será facultada a promoção da execução nos mesmos autos, após a liquidação, se necessária, *ex vi* art. 878 da Consolidação das Leis do Trabalho.

4.3 Mandado de segurança

Trata-se de uma ação constitucional, prevista no art. 5º, LXIX, da Constituição da República, e regulamentada pela Lei nº 12.016/2009, que tem como objetivo a tutela de direito líquido e certo (aquele direito entendido como evidente, sobre o qual não paira qualquer dúvida quanto à situação de fato, de modo que pode ser exercido pelo seu titular), em face de lesão ou de ameaça de lesão, por ato ou omissão de autoridade, não amparado por *habeas corpus* ou *habeas data*.

O art. 5º, LXIX, da Constituição Federal, estabelece que é cabível mandado de segurança para proteger direito líquido e certo, não amparado por *habeas corpus* ou *habeas data*, quando o responsável pela ilegalidade ou pelo abuso de poder for autoridade pública ou agente de pessoa jurídica no exercício de atribuições do Poder Público.

Além do mandado de segurança individual, a Constituição prevê também o mandado de segurança coletivo com previsão no art. 5º, LXX, que pode ser impetrado por: a) partido político com representação no Congresso Nacional; b) organização sindical, entidade de classe ou associação legalmente constituída e em funcionamento há pelo menos um ano, em defesa de seus membros ou associados.

O mandado de segurança é uma ação com natureza jurídica mandamental, sendo que através dela o impetrante (autor) objetiva obter ordem judicial, a qual deverá ser cumprida pela autoridade coatora. A depender do seu objeto (do direito a ser nele questionado), o mandado poderá ser individual ou coletivo.

O direito de impetrar mandado de segurança extingue-se depois de decorridos 120 (cento e vinte) dias contados da ciência do interessado a respeito do ato impugnado, *ex vi* art. 23, da Lei nº 12.016/2009. Trata-se de um prazo com natureza decadencial.

A Súmula nº 632 do Supremo Tribunal Federal determina que é constitucional a lei que fixa o prazo de decadência para a impetração de mandado de segurança.

O Supremo Tribunal Federal na Súmula nº 430 estabelece que o pedido de reconsideração na via administrativa não interrompe o prazo para o mandado de segurança.

A legitimidade ativa é do titular do direito líquido e certo violado ou com justo receio de violação; quando o direito ameaçado ou violado couber a várias pessoas, qualquer delas pode impetrar o mandado de segurança, conforme estabelece o art. 1º, § 3º, da Lei nº 12.016/2009.

O titular do direito líquido e certo decorrente de direito de terceiro, em condições idênticas, possui legitimidade, razão pela qual poderá impetrar mandado de segurança a favor do direito originário, caso o seu titular não o faça, no prazo de 30 (trinta) dias, quando notificado judicialmente. Trata-se de uma hipótese de substituição processual, vez que envolve a defesa de direito alheio em nome próprio, nos termos do art. art. 3º da Lei nº 12.016/2009.

O Tribunal Superior do Trabalho, na Súmula nº 418, prevê que a homologação de acordo constitui faculdade do juiz, inexistindo direito líquido e certo tutelável pela vida de mandado de segurança.

O art. 6º, § 3º, da Lei nº 12.016/2009 estabelece que autoridade coatora é aquela que tiver praticado o ato impugnado, ou da qual emane a ordem para a sua prática.

São equiparadas às autoridades, para os efeitos do mandado de segurança, os representantes ou órgãos de partidos políticos e os administradores de entidades autárquicas, bem como os dirigentes de pessoas jurídicas ou as pessoas naturais no exercício de atribuições do poder público, somente no que disser respeito a essas atribuições, conforme art. 1º, § 1º, da Lei nº 12.016/2009.

O Supremo Tribunal Federal estabelece na Súmula nº 510 que, praticado o ato por autoridade, no exercício de competência delegada, contra ela cabe mandando de segurança ou a medida judicial.

No Processo do Trabalho, podem figurar como autoridades coatoras o agente público do órgão de fiscalização do trabalho, o membro do Ministério Público do Trabalho, o servidor da Justiça do Trabalho, o juiz do trabalho, o desembargador do Tribunal Regional do Trabalho, o ministro do Tribunal Superior do Trabalho.

No caso de mandado de segurança contra ato extrajudicial (penalidade administrativa) praticado por agente público do órgão de fiscalização do trabalho e membro do Ministério Público do Trabalho, a competência originária será uma Vara do Trabalho.

No caso de mandado de segurança contra ato judicial praticado por juiz da Vara do Trabalho, a competência originária é do respectivo Tribunal Regional do Trabalho.

No caso de mandado de segurança contra ato judicial praticado por desembargador do Tribunal Regional do Trabalho, a competência originária é do respectivo Tribunal Regional do Trabalho, sendo julgado pelo Tribunal Pleno, Órgão Especial ou Seção Especializada, nos termos do regimento interno do Tribunal.

O Supremo Tribunal Federal estabelece na Súmula nº 443 que é competente o Tribunal Regional do Trabalho para julgar mandado de segurança contra ato de seu presidente em execução de sentença.

O Tribunal Pleno do Tribunal Superior do Trabalho determina na Orientação Jurisprudencial nº 4 que ao Tribunal Superior do Trabalho não compete apreciar, originariamente, mandado de segurança impetrado em face de decisão de Tribunal Regional do Trabalho.

No caso de mandado de segurança contra ato judicial praticado por ministro do Tribunal Regional do Trabalho, a competência originária é do Tribunal Superior do Trabalho, sendo julgado pelo Tribunal Pleno, Órgão Especial ou Seção Especializada, nos termos do regimento interno do Tribunal.

O Supremo Tribunal Federal estabelece na Súmula nº 624 que não compete ao Supremo Tribunal Federal conhecer originariamente de mandado de segurança contra atos de outros tribunais.

O art. 2º, I, alínea *d*, da Lei nº 7.701/1988, prevê que compete originariamente à Seção Especializada em Dissídios Coletivos julgar os mandados de segurança contra os atos praticados pelo Presidente do Tribunal ou por qualquer dos Ministros integrantes da seção especializada em processo de dissídio coletivo.

O art. 3º, I, alínea *b*, da Lei nº 7.701/1988, prevê que compete à Seção Especializada em Dissídios Individuais julgar originariamente os mandados de segurança de sua competência originária, na forma da lei.

Caso seja hipótese, será exigido o litisconsorte necessário no polo passivo, com a integração do beneficiário do ato impugnado, conforme art. 114 do Código de Processo Civil.

O Supremo Tribunal Federal determina na Súmula nº 624 que se extingue o processo de mandado de segurança se o impetrante não promover, no prazo assinado, a citação do litisconsorte passivo necessário.

O art. 24 da Lei nº 12.016/2009 permite a aplicação dos arts. 113 a 118 do Código de Processo Civil no mandado de segurança.

A petição inicial do mandado de segurança deve obedecer aos requisitos previstos no art. 319 do Código de Processo Civil, e também do art. 6º da Lei nº 12.016/2009, que estabelece a obrigatoriedade de o autor indicar na exordial a autoridade coatora e a pessoa jurídica que integra, isto é, à qual está vinculada ou na qual exerce atribuições.

O art. 6º, § 1º, da Lei nº 12.016/2009, determina que, caso o documento necessário que tenha o condão de comprovar o alegado pelo autor esteja em repartição ou estabelecimento público, ou em poder de autoridade que se recuse a fornecê-lo por certidão, ou ainda em poder de terceiro, o juiz deve ordenar, preliminarmente e por ofício, a exibição desse documento em original ou em cópia autêntica, determinando, para o cumprimento da ordem, o prazo de 10 (dez) dias. Nessa hipótese, o escrivão deve extrair cópias do documento para juntá-las à segunda via da petição. Se a autoridade que tiver precedido dessa maneira for a própria coatora, a ordem deve ser feita no próprio instrumento de notificação, *ex vi* art. 6º, § 2º, da Lei nº 12.016/2009.

Admite-se pedido de tutela provisória (liminar) no mandado de segurança quando o impetrante demonstrar a possibilidade do prejuízo e a probabilidade do direito.

O art. 4º da Lei nº 12.016/2009 autoriza, em caso de urgência, a impetração do mandado de segurança por telegrama, radiograma, fax ou outro meio eletrônico de autenticidade comprovada, devendo, nesses casos, serem observadas as regras da Infraestrutura de Chaves Públicas Brasileira (ICP-Brasil). Além disso, o texto original da petição inicial deve ser apresentado no prazo de 5 (cinco) dias úteis seguintes, conforme art. 4º, § 2º, da Lei nº 12.016/2009.

No caso de urgência, o juiz poderá notificar a autoridade por telegrama, radiograma, fax ou outro meio eletrônico de autenticidade comprovada, conforme art. art. 4º, § 1º, da Lei nº 12.016/2009.

Caso esteja faltando algum dos requisitos legais da petição inicial previsto no art. 319 do Código de Processo Civil e no art. 6º da Lei nº 12.016/2009 ou quando o mandado de segurança é impetrado após o prazo decadencial, a petição inicial será liminarmente indeferida, através de decisão motivada, nos termos do art. art. 10 da Lei nº 12.016/2009. Sendo a decisão do indeferimento da petição inicial uma decisão proferida por juiz (Vara do Trabalho), a decisão será objeto de recurso ordinário (art. 895, I, da Consolidação das Leis do Trabalho).

Na hipótese de despacho monocrático liminar (indeferimento da petição inicial proferido por um desembargador), será cabível agravo para o órgão colegiado competente (art. 10, § 1º, da Lei nº 12.016/2009), e da decisão do órgão colegiado do Tribunal Regional do Trabalho caberá recurso ordinário (art. 895, II, da Consolidação das Leis do Trabalho), que será julgado pelo Tribunal Superior do Trabalho. Assim determina a Orientação Jurisprudencial nº 69 da Subseção II da Seção Especializada em Dissídios Individuais do Tribunal Superior do Trabalho.

Em se tratando de despacho monocrático liminarmente (indeferimento da petição inicial) proferido por um ministro, será cabível agravo para o órgão colegiado competente.

Nos termos do art. 7º, da Lei nº 12.016/2009, o juiz, ao receber a exordial, deverá despachar e ordenar: I) que se notifique o coator do conteúdo da petição inicial, enviando-lhe a segunda via apresentada com as cópias dos documentos, a fim de que, no prazo de 10 (dez) dias, preste as informações; II) que se dê ciência do feito ao órgão de representação judicial da pessoa jurídica interessada, enviando-lhe cópia da inicial sem documentos, para que, querendo, ingresse no feito; III) que se suspenda o ato que deu motivo ao pedido, quando houver fundamento relevante e do ato impugnado puder resultar a ineficácia da medida, caso seja finalmente deferida, sendo facultado exigir do impetrante caução, fiança ou depósito, com o objetivo de assegurar o ressarcimento à pessoa jurídica.

O art. 7º, § 1º, da Lei nº 12.016/2009, determina que da decisão do juiz de primeiro grau que conceder ou denegar a liminar caberá agravo de instrumento — recurso não permitido no âmbito justrabalhista, nos termos do art. 893, § 1º, da Consolidação das Leis do Trabalho. O Tribunal Superior do Trabalho, na Orientação Jurisprudencial nº 100 da Subseção II da Seção Especializada em Dissídios Individuais, determina também não é cabível recurso ordinário e tampouco mandado de segurança, conforme Orientação Jurisprudencial nº 140 da Subseção II da Seção Especializada em Dissídios Individuais.

Não será concedida medida liminar que tenha por objeto a compensação de créditos tributários, a entrega de mercadorias e bens provenientes do exterior, a reclassificação ou equiparação de servidores públicos e a concessão de aumento ou a extensão de vantagens ou pagamento de qualquer natureza, *ex vi* art. art. 7º, § 2º, da Lei nº 12.016/2009.

Nos termos do art. 7º, § 3º, da Lei nº 12.016, os efeitos da medida liminar, salvo se revogada ou cassada, persistirão até a prolação da sentença, e, deferida a medida liminar, o processo terá prioridade para julgamento, segundo dispõe o art. 7º, § 4º, da Lei nº 12.016/2009.

As vedações relacionadas com a concessão de liminares previstas neste artigo se estendem à tutela antecipada, conforme o art. 7º, § 5º, da Lei nº 12.016/2009.

O Ministério Público do Trabalho deverá intervir como fiscal da ordem jurídica, no prazo de 8 (oito) dias, os autos serão conclusos para a decisão do juiz, o qual deverá proferi-la necessariamente em 30 (trinta) dias — arts. 5 e 12, parágrafo único, da Lei nº 12.016/2009.

Sendo concedido o mandado de segurança, o juiz (desembargador ou ministro) transmitirá em ofício o inteiro teor da decisão à autoridade coatora e à pessoa jurídica interessada, nos termos do art. 13 da Lei nº 12.016/2009. Em caso de urgência, o trâmite poderá ser realizado por meio eletrônico — é o que estabelece o art. 4º da Lei nº 12.016/2009.

O Supremo Tribunal Federal estabelece na Súmula nº 512 que não cabe condenação em honorários advocatícios na ação de mandado de segurança.

Caso a segurança seja concedida, a decisão fica obrigatoriamente sujeita ao duplo grau de jurisdição, conforme o art. 14º, § 1º, da Lei nº 12.016/2009. Porém, no Processo do Trabalho, não se aplica o reexame necessário nas lides em que o objeto do mandado de segurança seja um ato judicial se, na relação processual, a parte prejudicada pela concessão da ordem não for pessoa jurídica de direito público, conforme estabelece a Súmula nº 303, IV, do Tribunal Superior do Trabalho.

Sendo a decisão (que concede ou que denega o mandado de segurança) proferida por juiz (Vara do Trabalho), a decisão será objeto de recurso ordinário (art. 895, I, da Consolidação das Leis do Trabalho).

Na hipótese de a decisão que concede ou que denega o mandado de segurança ser proferida por um desembargador, será cabível caberá recurso ordinário (art. 895, II, da Consolidação das Leis do Trabalho), o qual será julgado pelo Tribunal Superior do Trabalho. Assim determina a Orientação Jurisprudencial nº 132 da Subseção II da Seção Especializada em Dissídios Individuais do Tribunal Superior do Trabalho e a Súmula nº 201 do Tribunal Superior do Trabalho. Além disso, a autoridade coatora possui o direito de recorrer, *ex vi* art. art. 14º, § 1º, da Lei nº 12.016/2009.

Em se tratando de uma decisão (a que concede ou que denega o mandado de segurança) proferida por um ministro, será cabível recurso ordinário (art. 18, da Lei nº 12.016/2009 e 102, II, da Constituição Federal), no prazo de 15 dias (art. 511 do Código de Processo Civil), que será julgado pelo Supremo Tribunal Federal.

4.4 Habeas corpus

Trata-se de uma ação constitucional, prevista no art. 5º, LXVIII, da Constituição da República, e regulamentada pelos arts. 647 a

667 do Código de Processo Penal. Possui natureza mandamental e é responsável por tutelar e resguardar a liberdade de ir e vir do indivíduo.

O art. 5º, LXVIII, da Constituição da República, determina que se concederá *habeas corpus* sempre que alguém sofrer ou se achar ameaçado de sofrer violência ou coação em sua liberdade de locomoção, por ilegalidade ou abuso de poder.

Portanto, esse remédio constitucional é de ampla aplicação e alcança todas as hipóteses possíveis em que o ser humano esteja ameaçado de sofrer violência ou coação em sua liberdade de locomoção, por ilegalidade ou abuso de poder, inclusive por ato praticado por particular (ou seja, não se restringe à prisão criminal). Assim, tem-se como possíveis casos de restrição ou de ameaça à liberdade por ato ilegal praticado por empregadores, hipótese em que se atrai a competência para a Justiça do Trabalho.

O Supremo Tribunal Federal, analisando a Ação Direta de Inconstitucionalidade nº 3.684, deferiu a liminar e afastou a competência da Justiça do Trabalho para o julgamento das todas e quaisquer ações penais advindas das relações de trabalho, até mesmo em relação aos crimes contra a organização do trabalho[13]. Essa liminar foi confirmada pelo Plenário do Supremo Tribunal Federal e afastou do espectro da Justiça do Trabalho, portanto, qualquer interpretação para processar e julgar ações penais.

Sendo assim, a Justiça do Trabalho é competente para apreciar *habeas corpus* envolvendo matéria sujeita à sua jurisdição, o que pode envolver atos praticados pela autoridade judiciária e policial

---

[13] Supremo Tribunal Federal, ADI 3.684, Plenário, Rel. Ministro Gilmar Mendes, Data do julgamento: 11.05.2020.

ou qualquer outra autoridade ou pessoa que esteja, ilegalmente ou em abuso de poder, restringindo a liberdade de outrem.

O *habeas corpus* pode ser impetrado contra ato praticado pelo Ministério Público ou por qualquer particular (pessoa física ou jurídica), porquanto não apenas o Estado pode investir arbitrariamente contra a liberdade de locomoção de indivíduos, *ex vi* art. 654 do Código de Processo Penal.

O Tribunal Superior do Trabalho não pacificou o entendimento da possibilidade de o *habeas corpus* ser utilizado como instrumento constitucional para assegurar o livre exercício do trabalho. Alguns ministros[14] entendem pela possibilidade de esse *writ* ser utilizado de maneira extensiva, abrangendo toda e qualquer forma que coloque risco ou viole o livre direito e de ir, de vir ou de permanecer e não podendo ficar adstrito às investigações, inquéritos e ações penais. Para essa corrente, o *habeas corpus* deve ser utilizado também no curso de processos de qualquer natureza, assegurando-se a utilização de tal ação constitucional com vistas à proteção da autonomia da vontade contra a ilegalidade ou o abuso de poder perpetrado, seja pela autoridade judiciária, seja pelas partes da relação de trabalho quando o caso envolver a restrição de direitos fundamentais. Lado outro, alguns ministros entendem que o *habeas corpus* deve ser observado de maneira literal, isto é, somente na defesa da liberdade de locomoção primária (direito de ir, de vir ou de permanecer) em face de investigações, inquéritos e ações penais[15].

---

[14] Tribunal Superior do Trabalho, HC 3981-95.2012.5.00.0000, Rel. Ministro Guilherme Caputo Bastos, DEJT 27.04.2012. Tribunal Superior do Trabalho, AgR-HC 5451-88.2017.5.00.0000, SBDI-II, Rel. Ministra Delaíde Alves Miranda Arantes, DEJT 08.08.2017.

[15] Tribunal Superior do Trabalho, HC 100000678-46.2018.5.00.0000, SBDI-II, Rel. Ministro Alexandre Luiz Ramos, DEJT 13.11.2018.

Perfilhando a corrente extensiva do Tribunal Superior do Trabalho, entendemos pela possibilidade de impetração de *habeas corpus* na Justiça do Trabalho quando o empregador ou o tomador de serviços restringirem a liberdade de locomoção do empregado ou do trabalhador por qualquer motivo, como em razão do cumprimento de trabalho forçado, do trabalho análogo ao de escravo ou em caso de não pagamento de dívidas. Em qualquer dos casos, o magistrado não estará analisando a matéria criminal ou se imiscuindo em atividade policial, mas tão somente defendendo o trabalhador contra um ato de ilegalidade ou de abuso de poder.

A competência para impetrar o *habeas corpus* dependerá de quem pratica o ato ilegal ou abusivo que está violando o livre direito e de ir, de vir ou de permanecer do trabalhador ou do empregador. Caso a pessoa esteja fora do Poder Judiciário e o objeto da ação seja um ato praticado por um particular ou por uma autoridade policial, o *habeas corpus* deverá ser impetrado em uma Vara do Trabalho. Na hipótese, porém, de um ato ter sido praticado por um juiz do trabalho, a competência funcional será do Tribunal Regional do Trabalho. Já na ocorrência de um ato de lavra de um desembargador, o remédio constitucional será julgado pelo Tribunal Superior do Trabalho. Por fim, a ação será julgada pelo Supremo Tribunal Federal (art. 102, I, alínea *i*, da Constituição Federal) caso seja impetrada ante o ato de um ministro do Tribunal Superior do Trabalho.

O art. 654, *caput*, do Código de Processo Penal, permite que o *habeas corpus* seja impetrado por qualquer pessoa, em seu favor ou de outrem, bem como pelo Ministério Público.

Nos termos do art. 654, § 1º, do Código de Processo Penal, a petição inicial deverá conter: a) o nome da pessoa que sofre ou está ameaçada de sofrer violência ou coação e o de quem exercer a violência, coação ou ameaça; b) a declaração da espécie de constrangimento ou, em caso de simples ameaça de coação, as razões em que funda o seu temor; c) a assinatura do impetrante, ou de alguém a seu rogo, quando não souber ou não puder escrever, e a designação das respectivas residências.

Os juízes e os tribunais têm competência para expedir de ofício ordem de *habeas corpus*, quando no curso de processo verificarem que alguém sofre ou está na iminência de sofrer coação ilegal, conforme o art. 654, § 2º, do Código de Processo Penal.

Não cabe *habeas corpus* em relação a punições disciplinares militares, *ex vi* art. 142, §2º, da Constituição Federal.

O art. 656 do Código de Processo Penal estabelece que, recebida a petição inicial do *habeas corpus*, o juiz, se julgar necessário e estiver preso o paciente, mandará que este lhe seja imediatamente apresentado em dia e hora que designar.

Na hipótese de competência originária de tribunal, *ex vi* art. 661 do Código de Processo Penal, deverão ser requisitadas informações por escrito àquele que é indicado como coator. Na ausência de qualquer dos requisitos da exordial, o relator deverá mandar o impetrante preenchê-lo, logo que lhe for apresentada a petição inicial, conforme o art. 662 do Código de Processo Penal.

Após o recebimento das informações necessárias previstas no art. 661 do Código de Processo Penal ou dispensadas, o *habeas corpus* deverá ser julgado na primeira sessão, podendo ser adiado o julgamento para a sessão seguinte, nos termos do art. 664 do Código de Processo Penal.

O pedido será julgado prejudicado, caso o juiz ou o tribunal verifique que a violência ou a coação ilegal já cessaram.

4.5 Habeas data

Trata-se de uma ação mandamental constitucional, prevista no art. 5º, LXXII, da Constituição Federal, com rito próprio, que tem como objetivo precípuo tutelar o acesso a informações constantes de registros públicos ou privados ou a retificação de dados. No espectro infraconstitucional, o *habeas data* é regulamentado pela Lei nº 9.507/1997.

Além disso, é um instrumento judicial personalíssimo para que as pessoas solicitem judicialmente a exibição dos registros públicos ou privados nos quais estejam cadastrados seus dados pessoais para que deles tomem conhecimento e, desejando e considerando necessário, requeiram que sejam retificados dados inexatos ou obsoletos ou que impliquem discriminação.

O *habeas data* não se presta a solicitar informações relativas a terceiros. Sua impetração deve ter por objetivo assegurar conhecimento de informações relativas à pessoa do impetrante[16]. Além disso, o Superior Tribunal de Justiça estabelece na Súmula nº 2 que não cabe *habeas data* se não houve recusa de informações por parte da autoridade administrativa.

A ação de *habeas data* visa à proteção da privacidade do indivíduo contra abuso no registro e/ou revelação de dados pessoais falsos ou equivocados. O *habeas data* não se revela meio idôneo para se obter vista de processo administrativo[17].

O *habeas data* é um *writ* de cunho personalíssimo que somente pode ser impetrado pela pessoa titular das informações, para três

---

[16] Supremo Tribunal Federal, AgR HD 87, Plenário, Rel. Ministra Cármen Lúcia Antunes Rocha, Data do julgamento 25.11.2009.

[17] Supremo Tribunal Federal, AgR HD 90, Plenário, Rel. Ministra Ellen Gracie Northfleet, DJE 19.03.2010.

finalidades: 1) ter conhecimento para o conhecimento de informações à sua pessoa, constantes de registro ou banco de dados de entidades governamentais ou de caráter público; 2) retificar os próprios dados, quando não preferir fazê-lo por processo sigiloso, judicial ou administrativo; e 3) anotar nos assentamentos, de contestação ou explicação sobre dados verdadeiros mas justificáveis que estejam sob pendência judicial ou amigável.

O *habeas data* tramitará nos termos da Lei nº 9.507/1997, sendo uma ação constitucional civil e regida por lei especial. O art 1º, parágrafo único, de referida norma, considera de caráter público todo registro ou banco de dados contendo informações que sejam ou que possam ser transmitidas a terceiros ou que não sejam de uso privativo do órgão ou entidade produtora ou depositária das informações.

Será de competência da Justiça do Trabalho processar e julgar *habeas data* quando o ato questionado envolver matéria à sua jurisdição.

A competência funcional para o julgamento do *habeas data* na Justiça do Trabalho é, em regra, a Vara do Trabalho, devendo ser impetrado no local em que o trabalhador prestou os serviços, salvo quando o ato da autoridade implicar a competência originária do Tribunal Regional do Trabalho ou do Tribunal Superior do Trabalho.

O art. 8º da Lei nº 9.507/1997 exige que a petição inicial deverá preencher os requisitos do Código de Processo Civil, apresentada em 2 (duas) vias, e os documentos que instruem a primeira serão reproduzidos por cópia na segunda, sendo que o parágrafo único determina que a exordial será instruída com prova de I) da recusa ao acesso às informações ou do decurso de mais 10 (dez) dias sem decisão; II) da recusa em fazer-se a retificação ou do decurso de mais de 15 (quinze) dias, sem decisão; ou III) da recusa em fazer-se a anotação a que se refere o §2º do art. 4º ou do decurso de mais de 15 (quinze) dias sem decisão.

O Supremo Tribunal Federal possui entendimento pacificado de que a prova de anterior indeferimento do pedido de informação de dados pessoais, ou da omissão em atendê-lo, constitui requisito indispensável para que se concretize o interesse de agir no *habeas data*. Sem que se configure situação prévia de pretensão resistida, há carência de ação constitucional do *habeas data*[18].

O art. 9º da Lei nº 9.507/1997 estabelece que, ao despachar a inicial, o juiz ordenará que se notifique o coator do conteúdo da petição, entregando-lhe a segunda via apresentada pelo impetrante com as cópias dos documentos a fim de que, no prazo de dez dias, preste as informações que julgar necessárias.

O art. 10 da Lei nº 9.507/1997 determina que a petição inicial será desde logo indeferida quando não for o caso de *habeas data*, ou se lhe faltar algum dos requisitos previstos. O parágrafo único, por sua vez, prevê que ao despacho de indeferimento caberá recurso de apelação, o qual, na Justiça do Trabalho, será recurso ordinário.

Caso o pedido seja julgado procedente, o juiz marcará na decisão data e horário para que o coator: I) apresente ao impetrante as informações a seu respeito, constantes de registros ou bancos de dadas; ou II) apresente em juízo a prova da retificação ou da anotação feita nos assentamentos do impetrante, *ex vi* art. 13 da Lei nº 9.507/1997.

A decisão será comunicada ao coator, por correio, com aviso de recebimento, ou por telegrama, radiograma ou telefonema, conforme o requerer o impetrante, sendo que os originais, no caso de transmissão

---

[18] Supremo Tribunal Federal, RHD 22, Plenário, Rel. Ministro Celso de Mello, Data do julgamento 01.09.1995.

telegráfica, radiofônica ou telefônica, deverão ser apresentados à agência expedidora, com a firma do juiz devidamente reconhecida, nos termos do art. 13 da Lei nº 9.507/1997.

Da sentença que conceder ou negar o *habeas data* cabe apelação, a qual, no âmbito do processo do trabalho, corresponde ao recurso ordinário. Quando a sentença conceder o *habeas data*, o recurso terá efeito meramente devolutivo, conforme o art. 15 da Lei nº 9.507/1997.

4.6 Ação rescisória

A sentença proferida por um magistrado constitui lei entre as partes. Acontece que, enquanto o processo dura, esse comando sentencial ainda não pode ser executado de maneira definitiva, mas tão somente provisória. Alcançado o trânsito em julgado (a parte não apresenta recurso ou estão esgotadas todas as vias recursais), a decisão judicial fica acobertada pelo manto da coisa julgada e corolário lógico dispõe que a parte vencedora poderá executá-la, para que assim ela tenha o seu direito efetivado.

Para que essa decisão com trânsito em julgado deixe de possuir força executiva e seja consequentemente cumprida, a parte vencida (executada) poderá, se cabível, apresentar uma ação rescisória.

A ação rescisória tem como objetivo precípuo preservar a segurança jurídica advinda da coisa julgada e garantir a efetivação das normas jurídicas. Por isso, esse modal de ação judicial preserva o respeito à ordem jurídica positivada.

O art. 836 da Consolidação das Leis do Trabalho prevê a ação rescisória na Justiça do Trabalho, sendo que, devido à sua omissão parcial, aplicam-se os arts. 966 ao 975 do Código de Processo Civil através do princípio da supletividade no processo do trabalho. Na Constituição Federal, a ação rescisória encontra previsão legal nos arts. 102, I, alínea j, bem como no art. 105, I, alínea *e*, e no art. 108, i, alínea *b*.

Trata-se de uma ação autônoma para impugnar decisões judiciais acobertadas pela coisa julgada. Enseja um novo processo judicial autônomo, distinto e específico que tem como objeto a desconstituição de sentença de mérito transitada em julgado e, excepcionalmente, a desconstituição da sentença sem resolução de mérito que impeça: I) nova propositura da demanda; ou II) admissibilidade do recurso correspondente.

Importante destacar que, nos termos da Súmula nº 259 do Tribunal Superior do Trabalho, somente por ação rescisória é impugnável o termo de conciliação previsto no art. 831, parágrafo único, da Consolidação das Leis do Trabalho.

O art. 966 do Código de Processo Civil prevê que a decisão de mérito, transitada em julgado, pode ser rescindida quando: I) se verificar que foi proferida por força de prevaricação, concussão ou corrupção do juiz; II) for proferida por juiz impedido ou por juízo absolutamente incompetente; III) resultar de dolo ou coação da parte vencedora em detrimento da parte vencida ou, ainda, de simulação ou colusão entre as partes, a fim de fraudar a lei; IV) ofender a coisa julgada; V) violar manifestamente norma jurídica; VI) for fundada em prova cuja falsidade tenha sido apurada em processo criminal ou venha a ser demonstrada na própria ação rescisória; VII) obtiver o autor, posteriormente ao trânsito em julgado, prova nova cuja existência ignorava ou de que não pôde fazer uso, capaz, por si só, de lhe assegurar pronunciamento favorável; e VIII) for fundada em erro de fato verificável do exame dos autos.

Existe erro de fato quando a decisão rescindenda admitir fato inexistente ou quando considerar inexistente fato efetivamente ocorrido, sendo indispensável, em ambos os casos, que o fato não represente ponto controvertido sobre o qual o juiz deveria ter se pronunciado, *ex vi* art. 966, § 1º, do Código de Processo Civil.

O art. 966, § 2º, do Código de Processo Civil, prevê que, nas hipóteses previstas nos incisos do *caput*, será rescindível a decisão transitada em julgado que, embora não seja de mérito, impeça: I) nova propositura da demanda; ou II) admissibilidade do recurso correspondente.

A ação rescisória pode ter por objeto apenas 1 (um) capítulo da decisão, conforme art. 966, § 3º, do Código de Processo Civil.

Os atos de disposição de direitos, praticados pelas partes ou por outros participantes do processo e homologados pelo juízo, bem como os atos homologatórios praticados no curso da execução, estão sujeitos à anulação nos termos da lei e do art. 966, § 4º, do Código de Processo Civil. O mesmo dispositivo estabelece também que os atos de disposição de direitos, praticados pelas partes ou por outros participantes do processo e homologados pelo juízo, bem como os atos homologatórios praticados no curso da execução, estão sujeitos à anulação, nos termos da lei.

Ao contrário do que prevê o art. 966, § 4º, do Código de Processo Civil, ao prever ação anulatória contra sentença homologatória, o art. 831, parágrafo único, da Consolidação das Leis do Trabalho, e a Súmula nº 259 do Tribunal Superior do Trabalho, direcionam que somente por ação rescisória é impugnável o termo de conciliação.

Portanto, entabulado um acordo durante o curso processual ou então homologado o acordo extrajudicial (jurisdição voluntária – arts. 855-B ao 855-E, da Consolidação das Leis do Trabalho), a sentença homologatória não é passível de recurso, devendo a parte irresignada ajuizar ação rescisória e não interpor recurso.

Nesse sentido, o art. 966, § 4º, do Código de Processo Civil, torna-se inaplicável no Direito Processual do Trabalho.

Quanto ao tema, destaca-se ainda que a Orientação Jurisprudencial nº 154 da Subseção II da Seção Especializada em Dissídios Individuais do Tribunal Superior do Trabalho traz o entendimento de que a sentença homologatória de acordo prévio ao ajuizamento de reclamação trabalhista, no qual foi conferida quitação geral do extinto contrato, sujeita-se ao corte rescisório tão somente se verificada a existência de fraude ou vício de consentimento.

Além disso, também a Orientação Jurisprudencial nº 158 da Subseção II da Seção Especializada em Dissídios Individuais do Tribunal Superior do Trabalho informa que a declaração de nulidade de decisão homologatória de acordo, em razão da colusão entre as partes (art. 485, III, do Código de Processo Civil), é sanção suficiente em relação ao procedimento adotado, não havendo que ser aplicada a multa por litigância de má-fé.

Cabe ação rescisória, com fundamento no inciso V, contra decisão baseada em enunciado de súmula ou acórdão proferido em julgamento de casos repetitivos que não tenha considerado a existência de distinção entre a questão discutida no processo e o padrão decisório que lhe deu fundamento — art. 966, § 5º, do Código de Processo Civil.

Quando a ação rescisória fundar-se na hipótese do § 5º, caberá ao autor, sob pena de inépcia, demonstrar fundamentadamente que se trata de uma situação particularizada por hipótese fática distinta ou de questão jurídica não examinada, a impor outra solução jurídica — art. 966, § 6º, do Código de Processo Civil.

O prazo para ajuizar a ação rescisória é de 2 (dois) anos, contados do trânsito em julgado da última decisão proferida no processo, conforme dispõe o art. 975 do Código de Processo Civil.

O prazo de 2 (dois) anos é decadencial, sendo que a ação rescisória possui natureza constitutiva negativa, isto é, seu objeto é rescindir uma decisão de mérito ou não transitada em julgado.

Quanto à hipótese estabelecida no art. 966, VII, do Código de Processo Civil, destaca-se que o art. 975, § 2º, do mesmo diploma processualista, prevê que o termo inicial do prazo bienal é a data de descoberta da prova nova, observado o prazo máximo de 5 (cinco) anos, contados do trânsito em julgado da última decisão proferida no processo.

O art. 975, § 3º, do Código de Processo Civil, prevê que, nas hipóteses de simulação ou colusão das partes, o prazo começa a contar para o terceiro prejudicado e para o Ministério Público (a partir do momento em que não interveio no processo), a partir do momento em que têm ciência da simulação ou colusão.

A Súmula nº 100 do Tribunal Superior do Trabalho traz o seguinte entendimento: I) o prazo de decadência, na ação rescisória, conta-se do dia imediatamente subsequente ao trânsito em julgado da última decisão proferida na causa, seja ela de mérito ou não; II) havendo recurso parcial no processo principal, o trânsito em julgado dá-se em momentos e em tribunais diferentes, contando-se o prazo decadencial para a ação rescisória do trânsito em julgado de cada decisão, salvo se o recurso tratar de preliminar ou prejudicial que possa tornar insubsistente a decisão recorrida, hipótese em que flui a decadência a partir do trânsito em julgado da decisão que julgar o recurso parcial; III) salvo se houver dúvida razoável, a interposição de recurso intempestivo ou a interposição de recurso incabível não protrai o termo inicial do prazo decadencial; IV) o juízo rescindente não está adstrito à certidão de trânsito em julgado juntada com a ação rescisória, podendo formar sua convicção através de outros elementos dos autos quanto à antecipação ou postergação do *dies a quo* do prazo decadencial; V) o acordo homologado judicialmente tem força de decisão irrecorrível, na forma do art. 831 da Consolidação das Leis do Trabalho. Assim sendo, o termo conciliatório transita em julgado na data da sua homologação judicial; VI) na hipótese de colusão das partes, o prazo decadencial da ação rescisória somente começa a fluir para o Ministério Público quando não tiver intervindo no processo principal, a partir do momento em que tem ciência da fraude; VII) não ofende o princípio do duplo grau de jurisdição a decisão do Tribunal Superior do Trabalho que, após afastar a decadência em sede de recurso ordinário, aprecia desde logo a lide, se a causa versar questão exclusivamente de direito e estiver em condições de imediato julgamento; VIII) a exceção de incompetência, ainda que oposta no prazo recursal, sem ter sido aviado o recurso próprio, não tem o condão de afastar a consumação da coisa julgada e, assim, postergar o termo inicial do prazo decadencial para a ação rescisória; IX) prorroga-se até o primeiro dia útil imediatamente subsequente o prazo decadencial para ajuizar a ação rescisória quando expira em férias forenses, feriados, finais de semana ou em dia em que não houver expediente forense, uma aplicação do art. 775 da Consolidação das Leis do Trabalho; e X) conta-se o prazo decadencial da ação rescisória após o decurso do prazo legal previsto para a interposição do recurso extraordinário, apenas quando esgotadas todas as vias recursais ordinárias.

Destaca-se, ainda, quanto ao prazo da ação rescisória, que o Tribunal Superior do Trabalho, na Orientação Jurisprudencial nº 80 da Subseção II da Seção Especializada em Dissídios Individuais, traz a previsão de que o não conhecimento do recurso por deserção não antecipa o *dies a quo* do prazo decadencial para o ajuizamento da ação rescisória, atraindo, na contagem do prazo, a aplicação da Súmula nº 100 do Tribunal Superior do Trabalho.

Cumpre destacar que é vedado o *jus postulandi* na ação rescisória, conforme se extrai da Súmula nº 425 do Tribunal Superior do Trabalho, que esclarece que o *jus postulandi* das partes, estabelecido no art. 791 da Consolidação das Leis do Trabalho, limita-se às Varas do Trabalho e aos Tribunais Regionais do Trabalho, não alcançando a ação rescisória, a ação cautelar, o mandado de segurança e os recursos de competência do Tribunal Superior do Trabalho.

Importante destacar que o juízo rescindente é inerente a toda ação rescisória, vez que ocorre quando o autor almeja a desconstituição de uma decisão transitada em julgado. O juízo rescisório, por sua vez, ocorre quando o autor pleiteia concomitantemente, na ação rescisória, a anulação de uma decisão transitada em julgado e um novo julgamento sobre a matéria objeto da lide — caso em que o Tribunal (Regional do Trabalho ou Superior do Trabalho), além desconstituir um julgado acobertado pelo manto da coisa julgada, também realiza um novo julgamento.

Portanto, primeiro o Tribunal realiza o juízo rescindente (desconstitui) e, sendo o caso, faz também, posteriormente (e nos mesmos autos), o juízo rescisório, ao proferir uma nova decisão (constitui).

Toda ação rescisória precisa ter juízo rescindente, mas não necessariamente um juízo rescisório. Sendo assim, para existir o segundo, é obrigatório ter o primeiro, sem o qual, afinal, aquele não existe. Tem-se como exemplo a ação rescisória em que se discute a desconstituição de um julgado proferido por juízo absolutamente incompetente ou por juiz impedido (art. 966, II, do Código de Processo Civil): o Tribunal somente desconstituirá a decisão transitada em julgado (juízo rescindendo) e determinará o envio dos autos para o juízo competente para a prolação de uma nova decisão. Não será proferida uma nova decisão pelo próprio Tribunal, inexistindo, assim, o juízo rescisório.

Para que exista a duplicidade de juízo (rescindente e rescisório), é obrigatório que o autor da ação rescisória faça o pedido da cumulação do pedido de rescisão da decisão transitada em julgado e do novo julgamento, se for caso, *ex vi* art. 968, I, do Código de Processo Civil.

Nem toda ação rescisória terá a duplicidade de juízo (rescindente e rescisório), porquanto alguns casos serão somente hipótese de juízo rescindente (desconstituição do julgado), não havendo que se falar em juízo rescisório (novo julgamento pelo Tribunal).

Ao recebê-la, o desembargador ou ministro relator vai deferir ou indeferir a petição inicial da ação rescisória, que deve trazer em seu bojo os requisitos do art. 319 Código de Processo Civil e do art. 968 do Código de Processo Civil (realizar o depósito prévio de 20% sobre o valor da causa e cumular, se for ocaso, o de novo julgamento da causa.

Por se tratar de um procedimento especial, não se aplica o art. 840 da Consolidação das Leis do Trabalho.

4.6.1 Petição inicial indeferida

A petição inicial da ação rescisória será indeferida nos casos previstos no art. 330 do Código de Processo Civil: I) se for inepta, faltando-lhe o pedido, a causa de pedir ou o pedido for indeterminado — salvo as hipóteses legais em que se permite o pedido genérico —, se a narração dos fatos não permitir conclusão lógica ou se os fatos forem incompatíveis entre si; II) se a parte for manifestamente ilegítima; III) se o autor carecer de interesse processual e; IV) se não forem atendidas as prescrições do art. 106 do Código de Processo Civil (sobre postulação do advogado em causa própria) e do art. 321 do Código de Processo Civil (emenda ou aditamento da petição inicial).

A petição inicial da ação rescisória também será indeferida quando o autor não realizar o depósito do art. 968, § 3º, do Código de Processo Civil, que, na seara trabalhista, é de 20% (vinte por cento), conforme o art. 836 da Consolidação das Leis do Trabalho.

O art. 331 do Código de Processo Civil determina que, sendo indeferida a petição inicial, o autor da ação rescisória poderá interpor apelação (no caso trabalhista, trata-se do recurso ordinário), caso em que será facultado ao juiz (na ação rescisória, o desembargador ou ministro relator) retratar-se no prazo de 5 (cinco) dias. Conforme o § 1º do mesmo dispositivo, se não houver retratação, o juiz determinará a citação do réu para responder o recurso e, nos termos do § 4º, caso a sentença seja reformada Tribunal, o prazo para a contestação começará a correr da intimação do retorno dos autos, observado o disposto no art. 334 do Código de Processo Civil. Não sendo interposta a apelação, o réu será intimado do trânsito em julgado da sentença.

A Orientação Jurisprudencial nº 69 da Subseção II da Seção Especializada em Dissídios Individuais do Tribunal Superior do Trabalho estabelece que o recurso ordinário interposto contra despacho monocrático indeferitório da petição inicial de ação rescisória ou de mandado de segurança pode, pelo princípio de fungibilidade recursal, ser recebido como agravo regimental. Nesse caso, o recurso não será conhecido pelo Tribunal Superior do Trabalho, e sim devolvido ao Tribunal Regional do Trabalho para que ele aprecie o apelo como agravo regimental.

4.6.2 Improcedência liminar do pedido

O juiz na ação rescisória poderá julgar liminarmente improcedente o pedido do autor conforme a previsão do art. 968, §

4º, do Código de Processo Civil, que estabelece que à ação rescisória aplica-se o disposto no art. 332 do Código de Processo Civil.

O art. 332 do Código de Processo Civil determina que, nas causas que dispensem a fase instrutória, o juiz, independentemente da citação do réu, julgará liminarmente improcedente o pedido que contrariar: I) enunciado de súmula do Supremo Tribunal Federal ou do Superior Tribunal de Justiça; II) acórdão proferido pelo Supremo Tribunal Federal ou pelo Superior Tribunal de Justiça em julgamento de recursos repetitivos; III) entendimento firmado em incidente de resolução de demandas repetitivas ou de assunção de competência; e IV) enunciado de súmula de tribunal de justiça sobre direito local.

O art. 332, § 1º, do Código de Processo Civil, estabelece que o juiz (na ação rescisória, o desembargador ou ministro relator) também poderá julgar liminarmente improcedente o pedido se verificar, desde logo, a ocorrência de decadência ou de prescrição.

O § 2º do mesmo artigo prevê, por sua vez, que, caso o autor da ação rescisória não interponha apelação (ou, no caso trabalhista, recurso ordinário) em desfavor da sentença que julgou improcedente liminarmente o seu pedido, ocorrerá o trânsito em julgado dessa decisão também e o réu da ação rescisória será intimado da coisa julgada, nos termos do art. 241 do Código de Processo Civil.

Lado outro, os §§ 3º e 4º do art. 332 do Código de Processo Civil estabelecem que, caso o autor da ação rescisória interponha apelação (ou, no organograma trabalhista, recurso ordinário) em desfavor da sentença que julgou improcedente liminarmente o seu pedido, o juiz poderá retratar-se em 5 (cinco) dias, caso em que será determinado o prosseguimento do processo, com a citação do réu. Se não houver o juízo de retratação, o réu será citado para apresentar contrarrazões no prazo de 15 (quinze) dias.

No caso de improcedência liminar dos pedidos realizados na ação rescisória, entende-se pela aplicação por analogia do Orientação Jurisprudencial nº 69 da Subseção II da Seção Especializada em Dissídios Individuais do Tribunal Superior do Trabalho, que estabelece que o recurso ordinário interposto contra despacho monocrático indeferitório da petição inicial de ação rescisória ou de mandado de segurança pode ser recebido como agravo regimental, pelo princípio de fungibilidade recursal. Nesse caso, o recurso não será conhecido pelo Tribunal Superior do Trabalho, e sim devolvido ao Tribunal Regional do Trabalho para que ele aprecie o apelo como agravo regimental.

Recebido o recurso ordinário, o desembargador ou o ministro relator da ação rescisória poderão realizar o juízo de retratação no prazo de 5 (cinco) dias. Caso isso ocorra, a ação rescisória terá um prosseguimento normal, inclusive com a citação do réu para apresentar defesa se quiser. Nos termos do art. 970 do Código de Processo Civil, nunca será designado um prazo inferior a 15 (quinze) nem superior a 30 (trinta) dias para a contestação, ao fim do qual, com ou sem ela, observar-se-á, no que couber, o procedimento comum.

O Tribunal Superior do Trabalho, na Orientação Jurisprudencial nº 146 da Subseção II da Seção Especializada em Dissídios Individuais, determina que a contestação apresentada em ação rescisória obedece à regra relativa à contagem de prazo constante do art. 774 da Consolidação das Leis do Trabalho, sendo inaplicável o art. 231 do Código de Processo Civil.

Na ação rescisória, inexiste revelia, tampouco confissão ficta. O Tribunal Superior do Trabalho estabeleceu, na Súmula nº 398, que, na ação rescisória, o que o autor ataca é a decisão, ato oficial do Estado acobertado pelo manto da coisa julgada. Assim, considerando que a coisa julgada envolve questão de ordem pública, a revelia não produz confissão na ação rescisória.

Devolvidos os autos pelo relator, a secretaria do Tribunal deve expedir cópias do relatório e distribuí-las entre os juízes (desembargadores ou ministros, conforme o caso) que formarem o órgão competente para o julgamento, nos termos do art. 971 do Código de Processo Civil.

Se os fatos alegados pelas partes dependerem de prova, o relator poderá delegar a competência ao órgão que proferiu a decisão rescindenda, fixando prazo de 1 (um) a 3 (três) meses para a devolução dos autos, *ex vi* art. 972 do Código de Processo Civil.

Concluída a instrução, será aberta vista ao autor e ao réu para as razões finais, pelo prazo sucessivo de 10 (dez) dias; em seguida, os autos serão conclusos ao relator, procedendo-se ao julgamento pelo órgão competente, tudo conforme o art. 973 do Código de Processo Civil.

O art. 968, § 5º, do Código de Processo Civil estabelece que, reconhecida a incompetência do tribunal para julgar a ação rescisória, o autor será intimado para emendar a petição inicial, a fim de adequar o objeto da ação rescisória, quando a decisão apontada como rescindenda: I) não tiver apreciado o mérito e não se enquadrar na situação prevista no § 2º do art. 966; II) tiver sido substituída por decisão posterior.

Na hipótese do § 6º, após a emenda da petição inicial, será permitido ao réu complementar os fundamentos de defesa, e, em seguida, os autos serão remetidos ao tribunal competente.

O Tribunal Superior do Trabalho, na Orientação Jurisprudencial nº 78 da Subseção II da Seção Especializada em Dissídios Individuais e nos termos do art. 326 do Código de Processo Civil, admite o ajuizamento de uma única ação rescisória contendo mais de um pedido, em ordem sucessiva, de rescisão da sentença e do acórdão. Sendo inviável a tutela jurisdicional de um deles, o julgador está obrigado a apreciar os demais, sob pena de negativa de prestação jurisdicional.

Acerca dos documentos essenciais para a propositura da ação rescisória, o Tribunal Superior do Trabalho, na Orientação Jurisprudencial nº 84 da Subseção II da Seção Especializada em Dissídios Individuais, estabelece o fundamentalismo da decisão rescindenda e/ou da certidão de trânsito em julgado devidamente autenticadas, à exceção de cópias reprográficas apresentadas por pessoa jurídica de direito público, a teor do art. 24 da Lei nº 10.522/2002. Verificada em fase recursal a ausência de qualquer delas, cumpre ao Relator do recurso ordinário arguir, de ofício, a extinção do processo sem julgamento do mérito, por falta de pressuposto de constituição e desenvolvimento válido do feito.

O art. 969 do Código de Processo Civil prevê que o ajuizamento da ação rescisória não impede a execução da decisão rescindenda, salvo quando concedida tutela provisória concedendo efeito suspensivo à ação rescisória. O Tribunal Superior do Trabalho, na Súmula nº 405, determina que é cabível o pedido de tutela provisória formulado na petição inicial de ação rescisória ou na fase recursal, visando a suspender a execução da decisão rescindenda. Para que seja concedido o efeito suspensivo à ação rescisória, o Tribunal Superior do Trabalho, na Orientação Jurisprudencial nº 76 da Subseção II da Seção Especializada em Dissídios Individuais, exige que a exordial esteja acompanhada de todos os documentos necessários que comprovem a necessidade de tal medida, como é o caso de informação atualizada do andamento da execução e de instrumentos que demonstrem à aferição da plausibilidade de êxito na rescisão do julgado.

A decisão que julga procedente a ação rescisória possui natureza jurídica dúplice e enseja a formação de uma segunda coisa julgada, vez que desconsidera a decisão proferida no processo precedente (decisão rescindenda) e ao mesmo tempo exsurge uma nova decisão que alcançará a coisa julgada, *ex vi* art. 337, § 4º, do Código de Processo Civil.

A Súmula nº 400 do Tribunal Superior do Trabalho permite ação rescisória de ação rescisória, desde que o vício apontado tenha origem na decisão rescindenda, não se admitindo a rediscussão do acerto do julgamento da rescisória anterior. Assim, não procede rescisória calcada no inciso V do art. 966 do Código de Processo Civil para discussão, por má aplicação da mesma norma jurídica, tida por violada na rescisória anterior, bem como para arguição de questões inerentes à ação rescisória primitiva.

A Súmula nº 405 do Tribunal Superior do Trabalho dispõe que, em face da MP 1.984-22/2000 e do art. 969 do Código de Processo Civil, é cabível o pedido de tutela provisória formulado na petição inicial de ação rescisória ou na fase recursal, visando a suspender a execução da decisão rescindenda.

Caso não seja feito o juízo de retratação do desembargador ou o ministro relator, o réu será citado da ação rescisória para apresentar contrarrazões no prazo de 15 (quinze) dias, conforme o art. 332, § 4º, do Código de Processo Civil.

4.7 Jurisdição voluntária – homologação de acordo extrajudicial

O art. 855-B, da Consolidação das Leis do Trabalho, permite que as partes pactuem um acordo extrajudicial e, para que ele seja válido, deverá ser homologado em juízo.

O processo de homologação de acordo extrajudicial terá início por petição conjunta, sendo obrigatória a representação das partes por advogado, caso em que o trabalhador poderá ser representado por advogado do sindicato de sua categoria.

A petição inicial de homologação de acordo extrajudicial suspende o prazo prescricional da ação quanto aos direitos nela especificados. O prazo voltará a fluir apenas no dia útil seguinte ao do trânsito em julgado da decisão que negar a homologação do acordo.

A instância originária da ação de homologação de acordo extrajudicial é uma Vara do Trabalho. A demanda deve ser ajuizada no local em que o reclamante trabalhou, *ex vi* art. 651 da Consolidação das Leis do Trabalho.

Caso o magistrado não homologue o acordo extrajudicial, as partes deverão interpor recurso ordinário para o Tribunal Regional do Trabalho, *ex vi* art. 895, I, da Consolidação das Leis do Trabalho, não sendo possível impetrar mandado de segurança nesse caso. O Tribunal Superior do Trabalho, na Súmula nº 418, prevê que a homologação de acordo constitui faculdade do juiz, inexistindo direito líquido e certo tutelável pela vida de mandado de segurança.

Porém, caso uma das partes queira discutir judicialmente o acordo após sua homologação, o interessado deverá ajuizar ação rescisória, porquanto, nos termos do art. 831, § 1º, da Consolidação das Leis do Trabalho e da Súmula nº 259 do Tribunal Superior do Trabalho, o acordo judicial é irrecorrível para as partes e impugnável somente através de ação rescisória.

4.8 Dissídio coletivo

O modal processual do dissídio coletivo tem como nascedouro uma negociação coletiva (autocomposição) infrutífera. Ou seja, quando os próprios sujeitos (sindicatos e empresas) não conseguem entabular uma convenção coletiva (art. 611, *caput*, da Consolidação das Leis do Trabalho) ou um acordo coletivo (art. 611, § 1º, da Consolidação das Leis do Trabalho), permite-se que a Justiça do Trabalho seja acionada (a não ser que se eleja um árbitro) através do dissídio coletivo, para instituir normas abstratas que serão direcionadas a um grupo social ou a uma categoria.

Portanto, através do dissídio coletivo, a Justiça do Trabalho, atuando em sua função atípica (poder normativo), institui normas jurídicas abstratas.

O Tribunal Superior do Trabalho, na Súmula nº 190, estabelece que a Justiça do Trabalho, ao exercer o poder normativo, não pode criar ou homologar condições de trabalho que o Supremo Tribunal Federal julgue iterativamente inconstitucionais.

O dissídio coletivo é uma espécie de ação coletiva e tem por objetivo interesses gerais das categorias profissionais e econômicas envolvidas, com previsão no art. 114, § 2º e § 3º da Constituição Federal, nos arts. 856 a 875 da Consolidação das Leis do Trabalho, na Lei nº 7.701/1988 e no art. 220 do Regimento Interno do Tribunal Superior do Trabalho.

Trata-se de uma ação advinda do poder normativo da Justiça do Trabalho, de interesses abstratos de uma categoria ou grupo social, com o objetivo de criar ou alterar normas e condições gerais de trabalho.

O dissídio coletivo pode ser classificado como econômico, jurídico, de greve, revisional e originário, em consonância com o art. 220 do Regimento Interno do Tribunal Superior do Trabalho.

O dissídio coletivo pode ser instaurado pelos sindicatos (econômicos e profissionais), pelas respectivas Federações ou pelas

Confederações, pelo Ministério Público do Trabalho e ainda pelo Presidente do Tribunal Regional ou Superior, em caso de greve em atividade essencial com possibilidade de lesão do interesse público. Destaca-se que a referida ação também pode ser instaurada por uma empresa, quando não obtido um acordo coletivo.

A Orientação Jurisprudencial nº 5 da Seção Especializada em Dissídios Coletivos do Tribunal Superior do Trabalho, em consonância com a Convenção nº 155 da Organização Internacional do Trabalho, permite que seja instaurado dissídio coletivo em face de pessoa jurídica de direito público que mantenha empregados, com finalidade exclusiva de apreciação de cláusulas de natureza social.

O dissídio coletivo é instaurado (competência funcional) no Tribunal Regional do Trabalho ou no Tribunal Superior do Trabalho, jamais em uma Vara do Trabalho. Caso o objeto do litígio não ultrapasse a jurisdição de um Tribunal Regional do Trabalho, nele deverá ser instaurado. Porém, se o conflito coletivo ultrapassar a competência territorial de um Tribunal Regional do Trabalho, deverá ser instaurado no Tribunal Superior do Trabalho, considerando os critérios territoriais e funcionais da Lei nº 7.701/1988.

A legitimidade ativa para o dissídio coletivo é dos sindicatos (federações e confederações), das empresas e comissão dos trabalhadores. O Ministério Público do Trabalho possui legitimidade em caso de greve em serviço essencial, com possibilidade de lesão do interesse público, conforme autorizam os arts. 114, § 3º, da Constituição Federal. Destaca-se ainda que, havendo risco de suspensão do trabalho, o Presidente do Tribunal Regional do Trabalho ou do Tribunal Superior do Trabalho poderá ajuizar o dissídio coletivo, *ex vi* art. 856 da Consolidação das Leis do Trabalho.

No dissídio coletivo econômico, o Tribunal Superior do Trabalho vem exigindo o comum acordo entre as partes litigantes como requisito constitucional, *ex vi* art. 114, § 2º, da Constituição Federal. O comum acordo é requisito para o ajuizamento do dissídio coletivo[19], sob pena de extinção do feito sem resolução do mérito.

O Supremo Tribunal Federal constituiu a tese de que a Justiça Comum, Federal ou Estadual, é a competente para julgar a abusividade de greve de servidores públicos celetistas da Administração Pública direta, autarquias e fundações públicas.

Tendo em vista que o dissídio coletivo é o instrumento processual adequado disponível para tutelar os interesses das categorias econômica e profissional, para que os sindicatos (legitimados) possam instaurar o dissídio coletivo, é obrigatório que o ente sindical tenha a autorização da categoria que é alcançada através de assembleia.

A Orientação Jurisprudencial nº 29 da Seção de Dissídio Coletivo do Tribunal Superior do Trabalho determina que o edital de convocação da categoria e a respectiva ata da Assembleia Geral Extraordinária (AGT) constituem peças essenciais à instauração do processo de dissídio coletivo.

A Orientação Jurisprudencial nº 8 da Seção de Dissídio Coletivo do Tribunal Superior do Trabalho estabelece que a ata da assembleia de trabalhadores deve registrar, obrigatoriamente, a pauta reivindicatória, produto da vontade expressa da categoria.

O art. 616, § 3º, da Consolidação das Leis do Trabalho prevê que, existindo convenção, acordo coletivo ou sentença normativa em vigor, o dissídio coletivo deverá ser instaurado dentro de 60 (sessenta) dias

---

[19] CARVALHO, Augusto César Leite de; ARRUDA, Kátia Magalhães; DELGADO, Mauricio Godinho. A súmula nº 277 e a defesa da constituição. *In:* ÁVILA Any; RODRIGUES, Douglas Alencar; PEREIRA, José Luciano de Castilho (Orgs.). *O mundo do trabalho:* atualidades, desafios e perspectivas: homenagem ao Ministro Arnaldo Sussekind. São Paulo: LTr, 2014, p. 89.

anteriores ao respectivo termo final, para que o novo instrumento possa ter vigência no dia imediato a esse termo. Caso esse prazo não seja observado, a categoria perde a sua data-base, passando a sentença normativa a ter vigor a partir da publicação.

Nos termos do art. 614, § 3º, da Consolidação das Leis do Trabalho, não será permitido estipular duração de convenção coletiva ou acordo coletivo de trabalho superior a 2 (dois) nos, sendo vedada a ultratividade. Nos termos do art. 868, parágrafo único da Consolidação das Leis do Trabalho, a sentença normativa não poderá ter prazo de vigência superior a 4 (quatro) anos.

A petição inicial no dissídio coletivo é intitulada representação e ela não é ajuizada, e sim instaurada.

O art. 856 da Consolidação das Leis do Trabalho estabelece que a petição no dissídio coletivo deve ser escrita, não sendo admitida a verbal.

É permitido o *jus postulandi* no dissídio coletivo, conforme o art. 791, § 2º, da Consolidação das Leis do Trabalho.

Os requisitos da petição inicial do dissídio coletivo estão previstos no art. 858 da Consolidação das Leis do Trabalho e consistem em: 1) designação e qualificação dos suscitantes e dos suscitados e natureza do estabelecimento ou do serviço; 2) motivos do dissídio e bases da conciliação.

O art. 859 da Consolidação das Leis do Trabalho determina que a representação dos sindicatos para a instauração da instância fica subordinada à aprovação de assembleia, da qual participem os associados interessados na solução do dissídio coletivo, em primeira convocação, por maioria de 2/3 (dois terços), ou, em segunda convocação, por 2/3 (dois terços) dos presentes.

Recebida e protocolada a representação e estando ela na devida forma, o Presidente do Tribunal designará a audiência de conciliação, dentro do prazo de 10 (dez) dias, determinando a notificação dos dissidentes, com observância do disposto no art. 841 da Consolidação das Leis do Trabalho. Quando a instância for instaurada de ofício, a audiência deverá ser realizada dentro do prazo mais breve possível, após o reconhecimento do dissídio, *ex vi* art. 860 da Consolidação das Leis do Trabalho.

O empregador pode ser representado na audiência de conciliação pelo gerente ou por qualquer outro preposto que tenha conhecimento do dissídio, sendo sempre responsável pelas declarações feitas por esse agente, nos termos do art. 861 da Consolidação das Leis do Trabalho.

O art. 862 da Consolidação das Leis do Trabalho regulamenta que, na audiência de conciliação designada, comparecendo ambas as partes ou seus representantes, o Presidente do Tribunal as convidará para se pronunciarem sobre as bases da conciliação. Caso não sejam aceitas as bases propostas, o Presidente submeterá aos interessados a solução que lhe pareça capaz de resolver o dissídio; havendo acordo, o Presidente do Trabalho o submeterá à homologação do Tribunal na primeira sessão, como determina o art. 863 da Consolidação das Leis do Trabalho. Da decisão de homologação do Tribunal, não caberá nenhum recurso, salvo por parte do Ministério Público do Trabalho — é o que dispõe o art. 7º, § 5º, da Lei nº 7.701/1988.

Não havendo acordo, ou não comparecendo ambas as partes ou uma delas, o presidente submeterá o processo a julgamento, depois de realizadas as diligências que entender necessárias e ouvido o Ministério Público do Trabalho, que apresentará parecer escrito ou verbal na sessão de julgamento, conforme o art. 864 da Consolidação das Leis do Trabalho e o art. 11 da Lei nº 7.701/1988.

Importante destacar que, mesmo que a empresa ou o sindicato econômico não compareçam ou não apresentem defesa, não se aplicam os efeitos da revelia (*confissão ficta*), vez que o julgamento, no dissídio coletivo, é realizado através da oportunidade e da conveniência.

4.9 Ação de cumprimento

Trata-se de uma ação de conhecimento que está prevista no art. 872 da Consolidação das Leis do Trabalho e deve ser ajuizada pelos trabalhadores ou pelos sindicatos em uma Vara do Trabalho. Traz como objetivo a efetivação de um acordo coletivo, de uma convenção coletiva e de uma sentença normativa.

Importante destacar que, na ação de cumprimento, não se discute matéria fática e de direito já debatida no dissídio coletivo ou nos instrumentos coletivos, mas tão somente o cumprimento das normas abstratas constituídas no acordo coletivo, na convenção coletiva e na sentença normativa.

Trata-se de uma ação de natureza condenatória, porquanto o acordo coletivo, a convenção coletiva e a sentença normativa por si só não constituem um título judicial, mas uma norma abstrata. Portanto, quando um dos três é descumprido, tem-se a mesma situação de uma violação a uma norma positivada na legislação formal. Por isso, tanto para uma como para outra situação torna-se fulcral o ajuizamento de uma ação judicial para que o violador da norma seja condenado ao pagamento dela e, no caso de sentença normativa, essa ação judicial é a de cumprimento.

Nesse contexto, constitui-se erro grosseiro o ajuizamento da ação de execução para o cumprimento de uma sentença normativa, vez que não se tem um título executivo a ser executado, não se aplicando, portanto, o princípio da fungibilidade, caso assim a parte faça.

Inobstante o art. 872 da Consolidação das Leis do Trabalho estabeleça no parágrafo único que a ação de cumprimento seja o instrumento adequado para o cumprimento das normas constituídas na sentença normativa, o Tribunal Superior do Trabalho determina, na Orientação Jurisprudencial nº 8 da Seção de Dissídio Coletivo, que a ação de cumprimento também pode ser utilizada como instrumento para se fazer cumprir o acordo coletivo e a convenção coletiva.

A ação de cumprimento deve ser ajuizada (competência territorial) no local em que o trabalhador prestou serviços, *ex vi* art. 651 da Consolidação das Leis do Trabalho, e possuem legitimidade tanto os trabalhadores individuais como os sindicatos (substituição processual). Nesse sentido, trata-se de uma ação híbrida, porquanto pode ser uma ação individual ou coletiva (quando o sindicato ajuíza uma ação em nome próprio, mas defendendo interesse alheio — o dos trabalhadores).

O ajuizamento da ação de cumprimento independe do trânsito em julgado da sentença normativa e, em se tratando de sentença normativa proferida pelo Tribunal Regional do Trabalho, referida ação poderá ser ajuizada a partir do dia 20º dia subsequente ao julgamento, consubstanciada no acórdão ou certidão de julgamento, salvo se a esse instrumento for concedido efeito suspensivo. Quando a ação de cumprimento tiver objeto sentença normativa proferida por Tribunal Superior do Trabalho, a ação de cumprimento poderá ser ajuizada a partir da publicação da certidão de julgamento, tudo conforme a Lei nº 7.701/1988 e a Súmula nº 276 do Tribunal Superior do Trabalho.

Porém, caso a sentença normativa seja modificada em sede recursal (recurso ordinário ou embargos infringentes, a depender da instância originária), a ação de cumprimento sofrerá os respectivos efeitos que a sentença normativa recebeu, porquanto aquela é reflexo desta. Mesmo que tenha ocorrido o trânsito em julgado na ação de cumprimento, ela será modificada, já que norma que a sustentava deixou de existir no mundo jurídico.

O Tribunal Superior do Trabalho, na Orientação Jurisprudencial nº 277 da Subseção I da Seção Especializada em Dissídios Individuais, estabelece que a coisa julgada não se configura na ação de cumprimento fundada em ação normativa que sofreu posterior reforma, mesmo que já esteja transitada em julgado a sentença condenatória. Esclarece, ainda, que a coisa julgada produzida na ação de cumprimento é atípica, pois depende de condição resolutiva, ou seja, da não modificação da decisão normativa por eventual recurso. Assim, modificada a sentença normativa pelo Tribunal Superior do Trabalho, com a consequente extinção do processo, sem julgamento do mérito, deve-se extinguir a execução em andamento, uma vez que a norma sobre a qual se apoiava o título exequendo deixou de existir no mundo jurídico.

O Tribunal Superior do Trabalho estabelece, na Súmula nº 350, que o cômputo da prescrição para o ajuizamento da ação de cumprimento dar-se-á somente a partir do trânsito em julgado da sentença normativa.

A ação de cumprimento é decidida através de uma sentença proferida pelo juiz da Vara do Trabalho e será possível de recurso ordinário para o Tribunal Regional do Trabalho, obedecendo a todo o organograma e o fluxograma destinados ao rito ordinário, desde o ajuizamento.

PARTE II

DEFESA TRABALHISTA

INTROITO

Enquanto o autor possui o direito de apresentar uma ação e fazer um pedido, o réu possui o direito de se defender, apresentando a defesa, em respeito ao direito fundamental do contraditório e da ampla defesa, previsto no art. 5º, LV, da Constituição da República, que lhe garante a possibilidade de demonstrar em juízo argumentações e provas.

A defesa é advinda do devido processo legal e do contraditório, *ex vi* art. 5º, LIV, da Constituição Federal. Se, por um lado, o autor apresenta sua tese (ação), do outro, o réu tem o direito de apresentar a antítese (reação).

Assim, o réu pode reagir apresentando uma defesa (contestação), uma nova ação (reconvenção), um incidente processual (exceções) ou até mesmo permanecer inerte (inação), caso que implica a revelia.

Disso se pode dizer que a defesa é um gênero formado por três espécies: 1) exceção; 2) contestação e 3) reconvenção.

CONCEITO

As exceções dividem-se em: 1) exceção de incompetência territorial; 2) exceção de suspeição; e 3) exceção de impedimento.

A contestação pode ser compreendida como a principal modalidade de defesa apresentada pelo réu, sendo um instrumento de dupla face, vez que é ao mesmo tempo é um direito e um ônus — caso o réu não apresente contestação, ele poderá sofrer consequências jurídicas advindas dessa inação.

A reconvenção é uma ação apresentada pelo réu dentro da ação ajuizada pelo autor. Assim, o réu deixa de se defender (pedido negativo) para também atacar (pedido positivo), invertendo os polos nessa nova ação, isto é: o réu passa a ser autor (reconvinte) e o autor vira réu (reconvindo).

Salvo quanto à exceção de incompetência territorial, todas as demais (impedimento e suspeição, contestação e a reconvenção) devem ser entregues em audiência, *ex vi* art. 847 da Consolidação das Leis do Trabalho. A contestação e a reconvenção devem ser apresentadas verbalmente no prazo de 20 (vinte) minutos ou escrita em um instrumento único que aglutine todas as três espécies, efetivando, assim, os princípios da simplicidade, da celeridade e da simplicidade.

MODALIDADES DE DEFESAS

7.1 Exceções

Enquanto as exceções de impedimento e de suspeição garantem aos jurisdicionados a imparcialidade do juiz, a exceção territorial impugna o juízo, mas todas elas suspendem o curso processual.

Existe uma ordem cronológica entre as exceções e, havendo alegações de diversas exceções, a ordem de análise será a seguinte: 1) impedimento; 2) suspeição e 3) território.

Ao analisar, conduzir e julgar o processo, é obrigatório que o juiz seja integralmente imparcial, para que assim as partes recebam uma tutela jurisdicional justa, devida, adequada e tempestiva.

A imparcialidade não é sinônimo de passividade, porquanto cumpre ao juiz conduzir o processo nos termos do art. 2º do Código de Processo Civil — que trata do princípio do inquisitivo, segundo o qual o magistrado deve impulsionar o processo, realizando os atos processuais e conduzindo diligências de ofício sem a provocação das partes, conforme também preceituam os arts. 765, 820 e 852-D, da Consolidação das Leis do Trabalho.

Inclusive, caso o magistrado observe uma assimetria material processual que poderá interferir na dinâmica probatória, deverá assegurar às partes a paridade de tratamento, como ocorre na inversão do ônus da prova, estabelecido no art. 818, § 1º da Consolidação das Leis do Trabalho e no art. 373 do Código de Processo Civil.

No processo moderno, fruto de uma visão evolucionista, o juiz atua como condutor e como sujeito processual, e as partes tornam-se cada vez mais participativas no processo (*status activus processualis*), inclusive na resolução da demanda, seja na heterocomposição, seja na autocomposição. O magistrado da contemporaneidade deve ser capaz de compreender e aferir o que as partes pretendem dizer, e não agir conforme o que ele deseja entender.

A dialeticidade entre autor, réu e juiz deve ser permeada pela cooperação entre eles e norteada pela imparcialidade. Nesse sentido, deve o magistrado ao mesmo tempo estar entre as partes e manter a mesma distância delas, garantindo-lhe as mesmas oportunidades e tratamentos processuais, para que assim o devido processo legal e o contraditório e ampla defesa sejam efetivados.

O resultado do processo é fruto da condução colaborativa realizada pelo magistrado junto às duas partes, e isso deve ser permeada de um diálogo elástico, franco e efetivo que enseje a responsabilização conjunta na busca por uma decisão justa e adequada.

A parcialidade do magistrado compromete toda a atividade jurisdicional, bem como todos os princípios processuais, porquanto todos os atos e decisões judiciais devem ser tomados exclusivamente com base nas alegações das partes, nos documentos carreados aos autos e na aplicação da lei, nos exatos termos lecionados por aforismos latinos como: *iudex secundum allegata et probata a partibus iudicare debet* (o juiz só deve decidir com base nos fatos alegados e provados pelas partes) e *quod non est in actis, non est in hoc mundo* (o que não está nos autos não está no mundo).

Importante destacar que a imparcialidade não pode ser confundida com neutralidade. A imparcialidade do juiz é um critério objetivo que atinge a sua atuação no processo, ao passo que a neutralidade é uma questão subjetiva que alcança, inclusive, as visões, as ideias, os ideais sobre o mundo, os valores e até mesmo o gosto e os sabores do ser humano, formando, assim, a própria personalidade do indivíduo. Ninguém no mundo é neutro; enquanto está viva, toda pessoa possui opiniões e sentimentos e os externa no dia a dia nas relações interpessoais e na sociedade. Mesmo não sendo neutro, porém, o magistrado jamais pode permitir que as suas opiniões e convicções pessoais ingressem nos autos e interfiram na condução e no julgamento dos autos.

Nenhum ser humano é neutro porque ninguém vive em uma bolha, tampouco em uma ilha. Além disso, antes de ser juiz, tem-se um cidadão que participa de uma socialização e de uma rotina e está inserido em uma ordem de ideias, o que conduz a compreensão e a visão de mundo que ele terá.

A imparcialidade está relacionada a questões exógenas, e a neutralidade está vinculada a questões endógenas à pessoa do magistrado. O processo não pode sofrer interferência externa alheia aos autos, daí por que a imparcialidade deve ser holística e plena.

A imparcialidade deve permear todo ato e qualquer decisão judicial do juiz, tornando-o isento e desinteressado em relação ao litígio que está analisando e julgando. Caso o magistrado tenha ou passe a ter qualquer interesse na lide, a sua imparcialidade ficará comprometida, rompendo a credibilidade e a confiança do Poder Judiciário, bem como o próprio conceito de Justiça.

A imparcialidade é um dever de todo e qualquer magistrado em uma causa, e a neutralidade é uma utopia, um mito. Um juiz parcial corrompe a jurisdição e denigre o Poder Judiciário.

O Direito, ao tutelar e garantir a todos os jurisdicionados que lhes seja destinado um julgamento por um juiz imparcial, estabelece, na ordem jurídica, instrumentos processuais que podem ser utilizados se necessário e são denominados exceções.

O Código de Processo Civil e a Consolidação das Leis do Trabalho determinam que as exceções de impedimento e de suspeição devem ser apresentadas em petição específica dirigida ao juiz do processo, estabelecendo, assim, uma acepção instrumental — meio pelo qual a parte se defende em juízo.

A exceções de impedimento e de suspeição são direcionadas aos juízes e também ao desembargador ou ministro, caso o profissional integre a turma ou a seção que irá julgar o recurso ou a ação de instância originária, participe do julgamento a ser proferido pelo órgão colegiado e apresente o seu respectivo voto.

O impedimento e a suspeição, embora atuem em diferentes tonalidades, almejam o mesmo fim: afastar a parcialidade do magistrado.

O artigo 148 do CPC estabelece que se aplicam os motivos de impedimento e de suspeição: I) ao membro do Ministério Público; II) aos auxiliares da justiça; e III) aos demais sujeitos imparciais do processo.

Inexiste jurisdição no processo julgado por um juiz impedido ou suspeito e, caso haja a proferição de uma sentença nessa hipótese, ela não terá *animus judicandi.*

O juiz é obrigado a dar-se por impedido ou por suspeito, conforme o art. 801 da Consolidação das Leis do Trabalho. Tendo em vista que é matéria de ordem pública, caso o juiz de ofício não reconheça o próprio impedimento ou suspeição, a parte poderá a qualquer tempo e grau de jurisdição arguir tal matéria. É justamente esse o entendimento do Supremo Tribunal Federal, que, em 2016, nos autos da AO nº 1998/MS[20], decidiu que a exceção de suspeição pode ser apresentada a qualquer momento, nos termos do art. 64, § 1º, do Código de Processo Civil.

As exceções de impedimento e suspeição garantem aos jurisdicionados que sua demanda será analisada e julgada por um juiz imparcial. Por isso, as duas exceções podem ser apresentadas tanto pelo autor como pelo réu na primeira oportunidade que eles tiverem de se manifestar nos autos — caso já tenha ciência da suspeição e/ou do impedimento, o réu deverá apresentá-la no prazo de defesa, o que significa que deve alegar isso em audiência, no caso trabalhista. Quanto à exceção de impedimento, porém, por envolver matéria de ordem pública, ela pode ser suscitada por qualquer das partes e pode ser feita a qualquer tempo, inclusive após o trânsito em julgado, em sede de ação rescisória, *ex vi* art. 966, II, do Código de Processo Civil.

7.1.1 Exceção de impedimento

O impedimento tem caráter objetivo e traz em seu bojo matérias de ordem pública, motivo pelo qual tem hipóteses mais graves do que as da suspeição. Nesse sentido, o impedimento constitui causa absoluta de imparcialidade e a suspeição, relativa. Assim, uma vez

---

[20] Supremo Tribunal Federal - AO nº 1998/MS, Relator: Gilmar Mendes, Data do Julgamento: 25/04/2016.

apresentados os fatos previstos em lei, a parte não precisa demonstrar a real influência do julgador nos autos, no caso do impedimento.

Inclusive, o interesse público nesse tipo de matéria é tamanho que pode ensejar uma ação rescisória se houver trânsito em julgado e hipótese para tanto, nos termos do art. 966, II, do Código de Processo Civil.

Conforme estabelece o art. 144 do Código de Processo Civil, são hipóteses de impedimento do magistrado os seguintes casos: I) quando interveio como mandatário da parte, oficiou como perito, funcionou como membro do Ministério Público ou prestou depoimento como testemunha; II) quando conheceu os fatos alegados na ação em outro grau de jurisdição, tendo proferido decisão; III) quando no processo estiver postulando, como defensor público, advogado ou membro do Ministério Público, cônjuge ou companheiro do juiz, bem como qualquer outro parente, consanguíneo ou afim, em linha reta ou colateral, até o terceiro grau, inclusive; IV) quando for parte no processo ele próprio, seu cônjuge ou companheiro, ou parente, consanguíneo ou afim, em linha reta ou colateral, até o terceiro grau, inclusive; V) quando for sócio ou membro de direção ou de administração de pessoa jurídica parte no processo; VI) quando for herdeiro presuntivo, donatário ou empregador de qualquer das partes; VII) quando figurar como parte a instituição de ensino com a qual ele tenha relação de emprego ou dela decorra contrato de prestação de serviços; VIII) quando figurar como parte algum cliente do escritório de advocacia de seu cônjuge, companheiro ou parente, consanguíneo ou afim, em linha reta ou colateral, até o terceiro grau, inclusive, mesmo que patrocinado por advogado de outro escritório; IX) quando estiver promovendo outra ação contra a parte ou seu advogado.

Destaca-se que, na hipótese do inciso III, o impedimento só se verifica quando o defensor público, o advogado ou o membro do Ministério Público já integravam o processo antes do início da atividade judicante do juiz.

O impedimento previsto no inciso III também se verifica no caso de mandato conferido a membro de escritório de advocacia que tenha em seus quadros um advogado que individualmente ostente a condição nele prevista, mesmo que não intervenha no processo de maneira direta.

O art. 147 do Código de Processo Civil estabelece que, quando 2 (dois) ou mais juízes forem parentes, consanguíneos ou afins, em linha reta ou colateral, até o terceiro grau, inclusive, o primeiro que conhecer do processo impede que o outro nele atue, caso em que o segundo se escusará e remeterá os autos ao seu substituto legal.

É vedada a criação de fato superveniente a fim de caracterizar impedimento do juiz.

Muito embora o art. 801 da Consolidação das Leis do Trabalho utilize somente a expressão "suspeição", o que se percebe é que em referido rol estão estabelecidas as hipóteses de suspeição e de impedimento previstas nos arts. 144 e 145, do Código de Processo Civil. Essa hibridez ocorre pelo fato de a Consolidação das Leis do Trabalho ser datada de 1943 e o texto processualista civil, de 2015. Diante da lacuna parcial celetista e da compatibilidade com os princípios do processo do trabalho, esses três artigos devem ser interpretados conjuntamente.

Caso não ocorra a declaração espontânea do impedimento pelo próprio magistrado, deverá ser observado o procedimento estabelecido no art. 146 do Código de Processo Civil, harmônico e aplicável no âmbito justrabalhista.

Tendo em vista que o estuário trabalhista prevê somente a exceção de suspeição no art. 802 da Consolidação das Leis do Trabalho, sendo completamente silente quanto à exceção de impedimento, tem-se que, quanto a esta, aplica-se, na integralidade, o art. 146 do Código de Processo Civil, o qual estabelece o prazo de 15 (quinze) dias, a contar do conhecimento do fato, para a parte alegar o impedimento em petição específica dirigida ao juiz do processo, na qual indicará o fundamento da recusa e poderá instruí-la com documentos em que se fundar a alegação, com rol de testemunhas.

Se reconhecer o impedimento ao receber a petição, o juiz ordenará imediatamente a remessa dos autos a seu substituto legal; caso contrário, determinará a autuação em apartado da petição e, no prazo de 15 (quinze) dias, apresentará as próprias razões, acompanhadas de documentos e de rol de testemunhas, se houver, ordenando a remessa do incidente ao Tribunal.

Denomina-se excipiente quem argui (uma ou ambas as partes) e excepto a pessoa contra quem a exceção de impedimento é arguida (magistrado ou procurador).

Trata-se de um incidente processual, apresentado em petição autônoma e dirigida ao juiz. Caso o excepto seja um desembargador ou um ministro, a exceção deverá ser apresentada ao presidente da turma ou da seção julgadora.

Distribuído o incidente, o relator deverá declarar os seus efeitos e, se o incidente for recebido: I) sem efeito suspensivo, o processo voltará a correr; e II) com efeito suspensivo, o processo permanecerá suspenso até o julgamento do incidente.

Enquanto não for declarado o efeito em que é recebido o incidente ou quando este for recebido com efeito suspensivo, a tutela de urgência será requerida ao substituto legal.

A arguição do impedimento suspende imediatamente o andamento do feito, *ex vi* art. 333, III, do Código de Processo Civil, devendo o processo ficar suspenso pelo menos até o relator retirar o efeito suspensivo e assim determinar o prosseguimento do feito e do incidente, em concomitância.

Durante o sobrestamento do feito, qualquer tutela de urgência nos autos principais deverá ser decidida pelo juiz substituto.

O Tribunal rejeitará a exceção de impedimento quando verificar que a alegação é improcedente. Acolhida a alegação, em se tratando de impedimento, o Tribunal condenará o juiz ao pagamento das custas e remeterá os autos ao seu substituto legal, podendo o juiz recorrer da decisão.

Reconhecido o impedimento, o Tribunal fixará o momento a partir do qual o juiz não poderia ter atuado. A partir disso, decretará a nulidade dos atos do juiz, se praticados quando já presente o motivo de impedimento ou de suspeição.

A parte interessada deverá arguir as exceções em petição fundamentada e devidamente instruída, na primeira oportunidade em que lhe couber falar nos autos. O juiz mandará processar o incidente em separado e sem suspensão do processo, ouvindo o arguido no prazo de 15 (quinze) dias e facultando a produção de prova, quando necessária.

Nos Tribunais, as arguições de impedimento e de suspeição serão disciplinadas pelo respectivo regimento interno.

Não se aplicam às arguições de impedimento ou de suspeição de testemunha.

Por se tratar de um incidente processual, a exceção de impedimento deve ser alegada em peça separada, será instruída separadamente e encaminhada ao Tribunal Regional do Trabalho ou ao Tribunal Superior do Trabalho, mantendo-se na Vara do Trabalho ou no Tribunal Regional do Trabalho os autos principais.

Na derradeira situação de o juiz ou o presidente da turma não receberem, não conhecerem ou não darem seguimento ao incidente processual, tendo em vista a irrecorribilidade imediata das decisões interlocutórias no Processo do Trabalho, prevista no art. 893, § 1º, da Consolidação das Leis do Trabalho, será permitido que a parte impetre mandado de segurança, por ser hipótese de violação a direito líquido e certo, não amparado por *habeas data* e nem por *habeas corpus*.

7.1.2 Exceção de suspeição

A suspeição tem caráter subjetivo, sendo que esta traz em seu bojo hipóteses menos gravosas do que as do impedimento. Por isso, a suspeição é causa relativa de imparcialidade e não basta a mera alegação: a parte deve demonstrar a efetiva influência do juiz na demanda.

O art. 145 do Código de Processo Civil estabelece as hipóteses de exceção de suspeição do juiz: I) quando ele é amigo íntimo ou inimigo de qualquer das partes ou de seus advogados; II) quando receber presentes de pessoas que tiverem interesse na causa antes ou depois de iniciado o processo, que aconselhar alguma das partes acerca do objeto da causa ou que subministrar meios para atender às despesas do litígio; III) quando qualquer das partes for sua credora ou devedora, de seu cônjuge ou companheiro ou de parentes do consorte, em linha reta até o terceiro grau, inclusive; IV) quando for o interessado no julgamento do processo em favor de qualquer das partes.

Muito embora o art. 801 da Consolidação das Leis do Trabalho utilize somente a expressão suspeição, o que se percebe é que nesse rol estão estabelecidas as hipóteses de suspeição e de impedimento previstas nos arts. 144 e 145, do Código de Processo Civil. Essa hibridez decorre do fato de a Consolidação das Leis do Trabalho ser datada em 1943, e o texto processualista civil, de 2015. Diante da lacuna parcial celetista e da compatibilidade com os princípios do processo do trabalho, esses três artigos devem ser interpretados conjuntamente.

É permitido que o juiz se declare suspeito por motivo de foro íntimo, sem necessidade de declarar suas razões. Além disso, será ilegítima a alegação de suspeição quando houver sido provocada por quem a alega ou quando a parte que a alega houver praticado ato que signifique a manifesta aceitação do arguido.

Caso não ocorra a declaração espontânea de suspeição pelo próprio magistrado, deverá ser observado o procedimento estabelecido no art. 802 da Consolidação das Leis do Trabalho, combinado com o art. 146 do Código de Processo Civil, harmônico e aplicável no processo do trabalho.

O art. 802 da Consolidação das Leis do Trabalho estabelece o procedimento a ser adotado na exceção de suspeição, estabelecendo que, apresentada essa alegação, o juiz ou Tribunal designará audiência dentro de 48 (quarenta e oito) horas para instrução e julgamento da exceção.

Impende destacar que parte do art. 802 da Consolidação das Leis do Trabalho foi revogado tacitamente com a Emenda Constitucional nº 24/1999, a qual colocou fim aos juízes classistas. Com isso, torna-se ainda mais necessária a incidência do art. 146 do Código de Processo Civil no estuário justrabalhista, conforme aqui ficará explicitado. Antes da emenda, quando havia alegação de suspeição de um dos juízes, os demais julgavam a procedência ou não disso. Com a extinção dos classistas a exceção de suspeição passou a ser julgada por um juiz singular de carreira — no caso, o próprio juiz suspeito é quem julgava a exceção apresentada contra ele mesmo.

Por isso, os arts. 20 e 21 da Consolidação dos Provimentos da Corregedoria-Geral da Justiça do Trabalho determinam a aplicação do art. 146 do Código de Processo Civil, salvo quanto à condenação às custas ao magistrado.

A exceção de suspeição deve ser apresentada no prazo de 15 (quinze) dias, a contar do conhecimento do fato. A parte alegará a suspeição em petição específica dirigida ao juiz do processo, na qual indicará o fundamento da recusa e poderá instruí-la com documentos em que se fundar a alegação, com rol de testemunhas.

Se reconhecer a suspeição ao receber a petição, o juiz ordenará imediatamente a remessa dos autos a seu substituto legal. Caso contrário, determinará a autuação em apartado da petição e, no prazo de 15 (quinze) dias, apresentará as próprias razões, acompanhadas de documentos e de rol de testemunhas, se houver, ordenando a remessa do incidente ao Tribunal.

Denomina-se excipiente quem argui (uma ou ambas as partes) e excepto a pessoa contra quem a exceção de impedimento é arguida (magistrado ou procurador).

Trata-se de um incidente processual, apresentado em petição autônoma e dirigida ao juiz. Caso o excepto seja um desembargador ou um ministro, a exceção deverá ser apresentada ao presidente da turma ou da seção julgadora.

Distribuído o incidente, o relator deverá declarar os seus efeitos e, se o incidente for recebido: I) sem efeito suspensivo, o processo voltará a correr; e II) com efeito suspensivo, o processo permanecerá suspenso até o julgamento do incidente.

Enquanto não for declarado o efeito em que é recebido o incidente ou quando este for recebido com efeito suspensivo, a tutela de urgência será requerida ao substituto legal.

A arguição do impedimento suspende imediatamente o andamento do feito, *ex vi* art. 333, III, do Código de Processo Civil. Nesse caso, o processo deve ficar suspenso pelo menos até o relator retirar o efeito suspensivo e assim determinar o prosseguimento do feito e do incidente, em concomitância.

Durante o sobrestamento do feito, qualquer tutela de urgência nos autos principais deverá ser decidida pelo juiz substituto.

O Tribunal rejeitará a exceção de impedimento quando verificar que a alegação é improcedente. Acolhida a alegação, em se tratando de manifesta suspeição, o Tribunal condenará o juiz ao pagamento das custas e remeterá os autos ao seu substituto legal, podendo o juiz recorrer da decisão.

Reconhecida a suspeição, o Tribunal fixará o momento a partir do qual o juiz não poderia ter atuado. A partir disso, decretará a nulidade dos atos do juiz, se praticados quando já presente o motivo de impedimento ou de suspeição.

A parte interessada deverá arguir as exceções em petição fundamentada e devidamente instruída, na primeira oportunidade em que lhe couber falar nos autos. O juiz mandará processar o incidente em separado e sem suspensão do processo, ouvindo o arguido no prazo de 15 (quinze) dias e facultando a produção de prova, quando necessária.

Nos Tribunais, as arguições de impedimento e de suspeição serão disciplinadas pelo respectivo regimento interno.

Não se aplicam às arguições de impedimento ou de suspeição de testemunha.

Por se tratar de um incidente processual, a exceção de suspeição deve ser alegada em peça separada, será instruída separadamente e encaminhada ao Tribunal Regional do Trabalho ou ao Tribunal

Superior do Trabalho, mantendo-se na Vara do Trabalho ou no Tribunal Regional do Trabalho os autos principais.

Na derradeira situação de o juiz ou o presidente da turma não receberem, não conhecerem ou não darem seguimento ao incidente processual, tendo em vista a irrecorribilidade imediata das decisões interlocutórias no processo do trabalho, prevista no art. 893, § 1º, da Consolidação das Leis do Trabalho, será permitido que a parte impetre mandado de segurança, por ser hipótese de violação a direito líquido e certo, não amparado por *habeas data* e nem por *habeas corpus*.

7.1.3 Exceção de incompetência territorial

A exceção de incompetência territorial encontra-se regulamentada no art. 800 da Consolidação das Leis do Trabalho, devendo ser apresentada em peça apartada, e não em sede preliminar de contestação. Portanto, a exceção de incompetência territorial necessariamente deve ser escrita, não pode ser verbal, e deve ser protocolada no juízo em que tramita a ação trabalhista.

Tendo em vista que a Consolidação das Leis do Trabalho regulamenta de maneira específica a exceção de incompetência territorial (relativa), tal matéria não pode ser apresentada no bojo da contestação — é o que dispõe o art. 337, II, do Código de Processo Civil.

Por se tratar de uma matéria de competência relativa, não pode ser declarada de ofício pelo juiz, devendo ser provocada pela parte interessada, nos termos da Orientação Jurisprudencial nº 149 da Subseção II da Seção Especializada em Dissídios Individuais do Tribunal Superior do Trabalho e da Súmula nº 33 do Superior Tribunal de Justiça.

Trata-se de um incidente processual que será resolvido através de uma decisão interlocutória anterior à audiência e que tem como objetivo discutir o juízo territorial competente para, em seguida, dar continuidade ao prosseguimento do feito. Acolhendo ou não a exceção de incompetência, a decisão proferida será interlocutória.

O art. 651 da Consolidação das Leis do Trabalho estabelece o foro territorial competente para o ajuizamento e o julgamento das ações trabalhistas. Em regra, trata-se de onde o trabalhador prestou serviço. Caso o autor ajuíze ação trabalhista em local diverso, o réu deverá apresentar a exceção de incompetência territorial antes da audiência, no prazo de 5 (cinco) dias, contados da citação ou da notificação, e em peça que sinalize a existência dessa exceção.

O réu (excipiente) deve indicar o juízo que entende ser competente para a causa, sob pena de a exceção não ser admitida. Além disso, caso não apresente exceção de incompetência territorial no prazo preclusivo de 5 (cinco) dias, contados da citação, ocorrerá a prorrogação da competência, fazendo com que o juízo que até então era incompetente torne-se competente. Importante destacar que, por se tratar de prazo preclusivo, no caso de inércia do réu, ocorrerá a preclusão temporal, prejudicando assim o debate acerca do tema em momento posterior.

Protocolada a petição, será suspenso o processo e não se realizará a audiência a que se refere o art. 843 da Consolidação das Leis do Trabalho até que se decida a exceção.

Os autos serão imediatamente conclusos ao juiz, que intimará o autor e os litisconsortes (se existentes), para manifestarem-se no prazo comum de 5 (cinco) dias.

Se entender necessária a produção de prova oral, o juízo designará audiência, garantindo o direito de o excipiente e de suas testemunhas serem ouvidos, por carta precatória, no juízo que este houver indicado como competente. Entende-se que, nesse caso, aplica-se o número de testemunhas do rito ordinário — isto é, 3 (três) testemunhas.

Caso o juízo esteja com convencimento formado e entenda que os elementos juntados aos autos são suficientes para proferir o julgamento, ele não é obrigado a produzir prova oral, podendo julgar a exceção imediatamente.

Decidida a exceção de incompetência territorial, o processo retomará o curso normal, com a designação de audiência, a apresentação de defesa e a instrução processual perante o juízo competente.

Proferida a decisão interlocutória que acolhe a exceção de incompetência territorial e com a remessa dos autos para outra Vara do Trabalho do próprio Tribunal Regional do Trabalho, o autor (excepto) deverá aguardar a sentença que será proferida no processo para recorrer dessa decisão interlocutória em sede preliminar, *ex vi* art. 893, § 1º, da Consolidação das Leis do Trabalho. Porém, no caso de a decisão interlocutória acolher a exceção de incompetência e remeter os autos para outra Vara do Trabalho de diferente Tribunal Regional do Trabalho, o autor (excepto) deverá apresentar recurso ordinário imediato, nos termos do art. 799, § 2º, da Consolidação das Leis do Trabalho, e da alínea *c* da Súmula nº 214 do Tribunal Superior do Trabalho. Esse recurso será processado e julgado pelo Tribunal Regional do Trabalho ao qual a Vara do Trabalho que proferiu a decisão encontra-se vinculada.

Caso a exceção de incompetência seja julgada improcedente, o réu (excipiente) deverá aguardar a sentença que será proferida no processo para recorrer dessa decisão interlocutória em sede preliminar, *ex vi* art. 893, § 1º, da Consolidação das Leis do Trabalho.

Caso o juízo acolha a incompetência e encaminhe os autos para o juízo que o excipiente entende ser competente, o próprio excipiente (réu) não poderá suscitar conflito de competência, *ex vi* art. 806 da Consolidação das Leis do Trabalho, por lhe faltar interesse.

Muito embora o art. 795, § 1º, da Consolidação das Leis do Trabalho mencione incompetência de foro, não se trata de incompetência territorial, mas sim de incompetência em razão da matéria, que, por ser absoluta, pode ser alegada de ofício pelo magistrado.

7.2 Contestação

A contestação trabalhista deve ser entregue em audiência, como determina o art. 847 da Consolidação das Leis do Trabalho, podendo ser feita de maneira verbal ou escrita.

Caso esteja fazendo uso do *jus postulandi*, conforme o art. 791 da Consolidação das Leis do Trabalho, o empregador poderá apresentar sua defesa de maneira escrita ou verbal, sendo que nessa hipótese terá 20 (vinte) minutos para manifestação.

A compensação ou a retenção só poderão ser arguidas como matéria de defesa, nos termos do art. 767 da Consolidação das Leis do Trabalho e da Súmula nº 48 do Tribunal Superior do Trabalho.

A Súmula nº 18 do Tribunal Superior do Trabalho determina que a compensação, na Justiça do Trabalho, está restrita a dívidas de natureza trabalhista.

Destaca-se que compensação não é sinônimo de dedução, vez que aquela ocorre quando duas pessoas são ao mesmo tempo credoras e devedoras uma da outra, caso em que não se pode declarar isso de ofício, dependendo, portanto, da alegação do réu em sede de contestação. A dedução, por sua vez, é o abatimento das verbas que já foram pagas durante o vínculo empregatício sob o mesmo título, podendo ser declarada de ofício e alegada pelo réu e conhecida em qualquer tempo.

Caso a parte esteja acompanhada de advogado, sua defesa somente poderá ser apresentada eletronicamente até a audiência, conforme parágrafo único do art. 847 da Consolidação das Leis do Trabalho.

Nos termos dos arts. 64 e 337, II, do Código de Processo Civil, todas as matérias de competência absoluta (material, hierárquica e funcional) ou relativa (valor) devem ser objeto de preliminar da contestação, salvo quanto à territorial, que deve ser objeto de exceção de incompetência territorial, em peça apartada por se tratar de um incidente processual — conforme dispõe o art. 800 da Consolidação das Leis do Trabalho.

A contestação está prevista nos arts. 818, II, e 847 da Consolidação das Leis do Trabalho, sendo consubstanciada nos princípios da impugnação específica e da eventualidade, previstos nos arts. 341 e 336 do Código de Processo Civil, respectivamente, aplicados no processo do trabalho de maneira supletiva.

O art. 341 do Código de Processo Civil, que é aplicável no processo do trabalho, dispõe que incumbe ao réu manifestar-se precisamente sobre as alegações de fato constantes da petição inicial, presumindo-se verdadeiras as não impugnadas, salvo se a confissão a seu respeito não for admissível ou se a petição inicial não estiver acompanhada de instrumento que a lei considerar da substância do ato ou se estiverem em contradição com a defesa, considerada em seu conjunto.

O princípio da impugnação específica estabelecido no art. 341 do Código de Processo Civil dispõe que o reclamado deve impugnar especificamente cada fato/pedido apresentado na reclamação trabalhista, sob pena de tornar-se incontroverso, ensejando a presunção relativa de veracidade (*juris tantum*) e não sendo cabível a contestação por negativa geral.

Por seu turno, o princípio da eventualidade, tipificado no art. 336 do Código de Processo Civil, estabelece que o reclamado deve trazer toda a matéria de defesa no bojo da contestação, comportando três vertentes: a) defesa processual — preliminar de contestação com base no art. 337 do Código de Processo Civil, quando o reclamado arguiu alguma preliminar, apontando algum vício de ordem processual; b) defesa indireta de mérito — prejudicial de mérito, quando a reclamada reconhece o fato constitutivo do direito do reclamante, mas alega a existência de algum fato impeditivo, modificativo ou extintivo desse direito, como ocorre na prescrição e na decadência; e c) defesa direta de mérito, na qual o reclamado nega frontalmente os fatos/pedidos ventilados pelo reclamante na reclamação trabalhista.

A defesa processual são direcionadas ao processo (pressupostos processuais) e/ou à ação (condições da ação) e possuem como pano de fundo a efetivação do devido processo legal e do contraditório e da ampla defesa, sendo elencada no rol do art. 337 do Código de Processo Civil, que dispõe que incumbe ao réu, antes de discutir o mérito, alegar: I) inexistência ou nulidade da citação; II) incompetência absoluta e relativa; III) incorreção do valor da causa; IV) inépcia da petição inicial; V) perempção; VI) litispendência; VII) coisa julgada; VIII) conexão; IX) incapacidade da parte, defeito de representação ou falta de autorização; X) convenção de arbitragem; XI) ausência de legitimidade ou de interesse processual; XII) falta de caução ou de outra prestação que a lei exige como preliminar; XIII) indevida concessão do benefício de gratuidade de justiça. Portanto, todas essas matérias são questões preliminares de mérito e devem ser alegadas e analisadas preteritamente ao mérito. Caso a parte não faça a devida alegação, é permitido ao juiz conhecê-las de ofício, salvo quando se tratar de convenção de arbitragem ou de incompetência relativa, *ex vi* art. 337, § 5º, do Código de Processo Civil.

O § 1º determina que se verifica a litispendência ou a coisa julgada quando se reproduz ação anteriormente ajuizada; o § 2º dispõe que uma ação é idêntica a outra quando possui as mesmas partes, a mesma causa de pedir e o mesmo pedido; § 3º estabelece que há litispendência quando se repete ação que está em curso; § 4º afirma que existe coisa julgada quando se repete ação que já foi decidida por decisão transitada em julgado; o § 5º coloca que, excetuadas a convenção de arbitragem e a incompetência relativa, o juiz conhecerá de ofício das matérias enumeradas no mesmo artigo; e o § 6º entende que a ausência de alegação da existência de convenção de arbitragem, na forma prevista neste Capítulo, implica aceitação da jurisdição estatal e renúncia ao juízo arbitral.

As defesas dilatórias e peremptórias são consideradas indiretas, vez que não atacam o mérito especificamente da causa. As defesas dilatórias são aquelas que não extinguem o feito, mas o prolongam, como é o caso da alegação de inexistência ou nulidade de citação, conforme o art. 337, I, do Código de Processo Civil, e da exceção de incompetência do juízo, nos termos do art. 337, II, do Código de Processo Civil.

As defesas peremptórias, caso acolhidas, acarretam a extinção do feito sem resolução do mérito, como é o caso da alegação de perempção, *ex vi* art. 337, V, do Código de Processo Civil, ou da coisa julgada, prevista no art. 337, VII, do Código de Processo Civil.

A contestação pode trazer em seu bojo as defesas imateriais e as materiais. Enquanto aquelas significam questões processuais, arroladas no art. 337 do Código de Processo Civil, as materiais são aquelas em que se discute o mérito da causa.

As defesas materiais significam um gênero com duas espécies: as defesas materiais diretas e as defesas materiais indiretas.

A defesa material direta ocorre quando o reclamado nega o fato constitutivo alegado pelo autor ou nega a consequência jurídica requerida pelo autor do fato constitutivo. Nessa hipótese, o reclamado não levou aos autos nenhum fato novo, nenhum fato diverso daquele que o autor alegou.

A defesa material indireta são contradireitos, o que significa dizer que ocorre quando o reclamado apresenta um fato impeditivo, modificativo ou extintivo ao fato constitutivo alegado pelo reclamante. Ou seja, os fatos alegados pelo reclamado ensejam direitos que possuem o condão de neutralizar ou de extinguir o direito invocado pelo reclamante. Aqui, o reclamado trouxe aos autos um fato novo, exsurgindo uma nova contextualização processual, que inclusive ensejará um novo curso processual à luz do contraditório e da ampla defesa.

O Tribunal Superior do Trabalho possui entendimento pacificado de que o art. 487, II, do Código de Processo Civil é inaplicável no processo do trabalho, e por isso a prescrição não pode ser declarada de ofício pelo juiz trabalhista, vez que tal decisão viola o princípio da proteção, o qual deve ser observado na senda processual trabalhista[21].

Urge destacar que, em se tratando de prescrição intercorrente, a própria previsão legal do art. 11-A da Consolidação das Leis do Trabalho permite que o juiz trabalhista declare-a de ofício e, no que tange à decadência, o Tribunal Superior do Trabalho permite, na Instrução Normativa nº 39/2016, permite a declaração decadencial de ofício pelo magistrado.

---

[21] RR – 1001209-25.2017.5.02.0708, 4ª Turma, Ministro Relator Alexandre Luiz Ramos, DEJT 30/04/2021.

Atualmente, na Justiça do Trabalho, prevalece o processo judicial eletrônico (PJe), que é utilizado integralmente em todos os Tribunais Regionais do Trabalho e é regulamentado pela Lei nº 11.419/2006 e pela Resolução nº 185/2017 do Conselho Superior da Justiça do Trabalho, trazendo as seguintes particularidades: 1) a prática dos atos processuais até as 24 (vinte e quatro) horas do último dia do prazo, aumentando, assim, o prazo; 2) o envio de petições, contestações, recursos e petições em geral pelo formato digital, mediante prévio cadastramento e assinatura eletrônica; 3) a contestação, a reconvenção e a exceção deverão ser protocoladas no PJe até a realização da proposta conciliatória infrutífera, com a utilização de equipamento próprio, sendo automaticamente juntadas e ficando facultada a apresentação de defesa oral. No expediente de notificação inicial ou de citação, constará orientação para que a contestação, a reconvenção, a exceção e os documentos que as acompanham sejam protocolados no PJe com pelo menos 48 (quarenta e oito) horas de antecedência da audiência, sendo facultado à parte a atribuição de sigilo; 4) citações, intimações e cartas precatórias e rogatórias pela via eletrônica; 5) necessidade de digitalização dos documentos; 6) diário oficial eletrônico; 7) ausência de intermediário entre envio das petições e sua juntada aos autos, que se realiza pelo próprio sistema e; 8) audiências serão sempre reduzidas a termo, ainda que gravadas em áudio e vídeo, e o arquivo eletrônico que utilize linguagem padronizada de marcação genérica daí decorrente será ao final da audiência.

7.2.1 Revelia

O réu não possui obrigação de apresentar contestação, sendo uma faculdade que lhe cabe, um ônus processual. Lado outro, caso não apresente a contestação em audiência, ocorrerá a revelia, *ex vi* art. 844, *caput*, da Consolidação das Leis do Trabalho.

A revelia no âmbito justrabalhista ocorre quando o réu não comparece em audiência e, por isso, deixa de apresentar contestação verbal ou formal.

Revelia não é sinônimo de confissão ficta, vez que, inobstante aquela esteja concretizada, nem sempre esta ocorrerá. Não se trata de uma relação de causa e consequência automática. Em algumas hipóteses, mesmo ocorrendo a revelia, não se terá a confissão ficta.

A Súmula nº 74 do Tribunal Superior do Trabalho estabelece que: I) aplica-se a confissão à parte que, expressamente intimada com aquela cominação, não comparecer à audiência em prosseguimento, na qual deveria depor; II) a prova pré-constituída nos autos pode ser levada em conta para confronto com a confissão ficta, não implicando cerceamento de defesa o indeferimento de provas posteriores; e III) A vedação à produção de prova posterior pela parte confessa somente a ela se aplica, não afetando o exercício, pelo magistrado, do poder/dever de conduzir o processo.

A Orientação Jurisprudencial nº 152 da Subseção I da Seção Especializada em Dissídios Individuais do Tribunal Superior do Trabalho estabelece que a pessoa jurídica de direito público sujeita-se à revelia prevista no art. 844 da Consolidação das Leis do Trabalho.

A revelia pode ensejar dois efeitos: o material e o processual. O primeiro é a presunção de veracidade das alegações fáticas alegadas na inicial; o segundo é o julgamento antecipado do mérito, nos termos do art. 355, II, do Código de Processo Civil, e a intimação do réu somente da sentença. Nessa situação, ele não é intimado dos demais atos processuais, caso não tenha advogado constituído nos autos.

É permitido que o magistrado, a seu juízo e mesmo sendo o réu revel e ocorrendo a confissão ficta, prossiga na instrução processual.

Mesmo sendo revel, o réu pode ingressar nos autos a qualquer tempo, assumindo-o no estado em que se pronunciar. Por isso, caso ocorra a revelia e seja hipótese de confissão ficta, o réu poderá ingressar nos autos a qualquer momento e, estando a tempo de praticar os atos processuais, poderá fazer contraprova dos fatos constitutivos, vez que a confissão ficta é uma presunção de veracidade, e por isso admite prova em contrário. Nessa situação, não se podem trazer fatos modificativos, impeditivos ou extintivos do direito do autor, já que eles deveriam ter sido apresentados no bojo da contestação e quanto a ela ocorreu a preclusão temporal, *ex vi* art. 346, parágrafo único, do Código de Processo Civil.

O art. 844, § 4º, da Consolidação das Leis do Trabalho estabelece algumas hipóteses em que, inobstante ocorra a revelia, não se terão os efeitos material e processual, quais sejam: I) se, havendo pluralidade de réus, algum deles contestar a ação; II) se o litígio versar sobre direitos indisponíveis; III) se a petição inicial não estiver acompanhada de instrumento que a lei considere indispensável à prova do fato; IV) se as alegações de fato formuladas pelo reclamante forem inverossímeis ou estiverem em contradição com a prova constante dos autos. Acrescenta-se, ainda, que, quando se discute nos autos um direito que demande a produção de prova pericial acerca do fato — como é o caso dos pedidos de adicional de insalubridade e periculosidade, *ex vi* art. 195, § 2º, da Consolidação das Leis do Trabalho, salvo as hipóteses previstas nas Súmulas nº 364 (fato notório) e nº 453 (pagamento por mera liberalidade da empresa) do Tribunal Superior do Trabalho, na Orientação Jurisprudencial nº 278 da Subseção I da Seção Especializada em Dissídios Individuais do Tribunal Superior do Trabalho (fechamento da empresa) e no art. 193, II, do Tribunal Superior do Trabalho (decorrente de imposição legal). Nesses casos, a perícia é dispensável.

Nos casos em que não ocorrem os efeitos da revelia, o réu poderá ingressar nos autos ingressar nos autos a qualquer momento e, estando em tempo de produzir provas e praticar os atos processuais, poderá fazer contraprova dos fatos constitutivos. Entretanto, não é possível trazer fatos modificativos, impeditivos ou extintivos do direito do autor, já que deveriam ter sido apresentados no bojo da contestação e quanto a ela ocorreu a preclusão temporal, conforme art. 349 do Código de Processo Civil.

O art. 844, § 4º, I, da Consolidação das Leis do Trabalho, estabelece que, havendo pluralidade de réus e algum deles contestar a ação, não haverá a produção dos efeitos da revelia; como é o caso do litisconsorte unitário (quando os fatos são comuns e por isso a decisão deve ser a mesma para todos os integrantes do polo passivo da demanda) e quanto ao litisconsorte simples, a regra é que também não ocorram os efeitos da revelia quando um dos réus apresentar contestação, salvo se existir identidade de matéria defensiva — o que afastará a incidência desse artigo celetista.

O art. 844, § 4º, II, da Consolidação das Leis do Trabalho, determina que, no litígio sobre direitos indisponíveis, a ausência de contestação não ensejará a confissão ficta. No mesmo caminho, é o art. 392 do Código de Processo Civil.

O art. 844, § 4º, III, da Consolidação das Leis do Trabalho, preceitua que inexiste a presunção de veracidade dos fatos quando a petição inicial que não estiver acompanhada de instrumento que a lei considere indispensável à prova do ato — como é o caso da não juntada da convenção e do acordo coletivo.

O art. 844, § 4º, IV, da Consolidação das Leis do Trabalho amolda que, inobstante a ocorrência da revelia, não haverá a presunção da veracidade fática quando as alegações de fato formuladas pelo reclamante forem inverossímeis (fora da razoabilidade) ou estiverem em contradição com a prova constante dos autos.

A Súmula nº 74 do Tribunal Superior do Trabalho estabelece que, quando as alegações do autor forem verossímeis, mas nos autos constar prova pré-constituída (pelo próprio autor) em sentido contrário, não haverá que se falar em confissão ficta mesmo se o réu for revel.

Caso o réu não compareça sem justificativa, mas seu advogado esteja presente na audiência, serão aceitos a contestação e os documentos eventualmente apresentados. Ou seja, a revelia do réu será decretada, assim como a confissão ficta, mas, como esta possui presunção relativa de veracidade dos fatos, admite-se prova em contrário. Nesse caso, o magistrado deverá analisar os documentos juntados pelo advogado do réu, podendo, inclusive, afastar a confissão quando estiver convencido do sentido contrário.

O art. 12, § 3º, da Instrução Normativa nº 41/2018 do Tribunal Superior do Trabalho, direciona que o advogado não poderá comparecer em audiência pretendendo acumular as condições de preposto e advogado, almejando afastar a ausência do réu e prosseguir como representante da parte.

7.3 Reconvenção

A reconvenção não é regulamentada na Consolidação das Leis do Trabalho, e por isso aplica-se integralmente o art. 343 do Código de Processo Civil, através do princípio da subsidiariedade — diante do hiato normativo trabalhista integral, conforme o art. 769 da Consolidação das Leis do Trabalho e o art. 15 do Código de Processo Civil.

A reconvenção é uma nova ação, porém proposta pelo réu em desfavor do autor, dentro dos próprios autos em que até então era réu. Assim, um único processo abrangerá em seu bojo a ação originária e a reconvencional, invertendo os polos, já que o autor torna-se réu (reconvinte), e o réu torna-se autor (reconvindo).

O art. 343, *caput*, do Código de Processo Civil, estabelece que a reconvenção deverá ser apresentada no bojo da contestação. Muito embora a reconvenção seja uma modalidade de defesa, sua natureza jurídica é de uma ação, advinda de um contra-ataque do réu.

A reconvenção é uma escolha processual do réu, o qual, em vez de ajuizar uma ação autônoma, opta por ajuizá-la no bojo da ação principal, sendo, portanto, uma faculdade do réu.

O art. 343, § 3º, do Código de Processo Civil, permite que o réu-reconvinte apresente reconvenção em desfavor do autor e do terceiro, ao passo que o art. 343, § 4º, do Código de Processo Civil, autoriza o réu-reconvinte ajuizar reconvenção em litisconsorte com terceiro.

O art. 343, § 5º, do Código de Processo Civil, estabelece que, se o autor-reconvindo da demanda foi substituto processual, o réu-reconvindo deverá afirmar ser o titular do direito em face do substituído, e a reconvenção deverá ser ajuizada em desfavor do autor-reconvindo, também na qualidade de substituto processual.

O art. 343, § 6º, do Código de Processo Civil, autoriza ao réu-reconvinte propor reconvenção independentemente de apresentar contestação, vez que ambas as peças são faculdades a serem apresentadas ou não, a depender da escolha processual do réu.

Caso o réu não apresente a contestação e proponha a reconvenção, essa peça processual deverá então ser apresentada dentro do prazo da contestação através de uma peça autônoma, acompanhada de todos os documentos indispensáveis e necessários para comprovar as próprias alegações.

Caso o autor-reconvindo desista da ação principal ou esta tenha causa extintiva que impeça o exame do mérito, a reconvenção, por ser uma ação, continuará com o normal trâmite, *ex vi* art. 343, § 2º, do Código de Processo Civil.

São requisitos da reconvenção: 1) existência da demanda originária; 2) conexão com a ação originária ou com os fundamentos de defesa; 3) identidade processual; e 4) o juiz da causa originária ser absolutamente competente para julgar a reconvenção.

Tendo em vista que a defesa trabalhista é apresentada em audiência no caso do *jus postulandi* e no caso de representação de advogado até o momento da audiência, a reconvenção também deverá ser apresentada nesses momentos, conforme o art. 847 da Consolidação das Leis do Trabalho. Por isso, apresentada a reconvenção, o magistrado deverá redesignar a audiência, nos termos do art. 841 da Consolidação das Leis do Trabalho, devendo obedecer ao quinquídio legal previsto, para que o autor-reconvindo tenha o prazo hábil para apresentar a defesa.

Tanto o réu-reconvindo como o autor reconvindo somente poderão apresentar 2 (duas) testemunhas, caso a ação esteja no rito sumaríssimo, ou 3 (três), caso a ação esteja tramitando no rito ordinário, para comprovar os fatos alegados tanto na ação principal como na reconvenção.

O art. 791-A, § 5º, da Consolidação das Leis do Trabalho, prevê que são cabíveis honorários advocatícios em sede de reconvenção.

O art. 702, § 6º, do Código de Processo Civil, permite a reconvenção em ação monitória, proibindo apenas a apresentação de reconvenção à reconvenção nesse modal processual.

REFERÊNCIAS

CARVALHO, Augusto César Leite de; ARRUDA, Kátia Magalhães; DELGADO, Mauricio Godinho. A súmula n° 277 e a defesa da constituição. *In:* ÁVILA Any; RODRIGUES, Douglas Alencar; PEREIRA, José Luciano de Castilho (Orgs.). **O mundo do trabalho***:* atualidades, desafios e perspectivas: homenagem ao Ministro Arnaldo Sussekind. São Paulo: LTr, 2014.

MARINONI, Luiz Guilherme; ARENHART, Sérgio Cruz; MITIDIERO, Daniel. **Novo Curso de Processo Civil**: tutela dos direitos mediante procedimento comum, v. 2. São Paulo: Editora Revista dos Tribunais, 2015.

MARINONI, Luiz Guilherme; MITIDIERO, Daniel. Direitos Fundamentais Processuais. *In*: SARLET, Ingo Wolfgang; MARINONI, Luiz Guilherme; MITIDIERO, Daniel. **Curso de Direito Constitucional**. 6. ed. São Paulo: Saraiva, 2017.

MEDINA, José Miguel Garcia Medina. **Curso de Direito Processual Civil Moderno**. 4. ed. rev, atual. e ampl. São Paulo: Editora Revista dos Tribunais, 2018.

PIMENTA, José Roberto Freire; PEREIRA, Ricardo José Macedo de Britto; ROCHA, Cláudio Iannotti da. A extensão territorial da sentença na ação civil pública: evolução da jurisprudência do supremo tribunal federal até a pronúncia da inconstitucionalidade do artigo 16 da lei 7.347/1985. *In:* NETO, Alberto Nemer; ROCHA, Cláudio Iannotti da;

RIZEK FILHO, José Carlos; PIMENTA, José Roberto Freire; PEREIRA, Ricardo José Macedo de Britto. (Orgs.). **Coleção Direito Material e Processual do Trabalho Constitucionalizados**: processo coletivo do trabalho – vol. 4. São Paulo: LEX; OAB Nacional, 2021.